양창식 연작 에세이

해파리

사랑은 투명한 몸으로 흐른다

해파리

사랑은 투명한 몸으로 흐른다

| 프롤로그 |

   사랑은 수많은 얼굴을 가진 존재입니다.
   손에 잡히지 않을 만큼 투명하고, 다가서려 하면 어느새 멀어지기도 합니다.
   하지만 우리는 그 흔적 속에서 웃고, 울며 살아갑니다.

   어쩌면 사랑은 해파리와 닮았는지도 모릅니다.
   바닷속을 조용히 유영하며 매 순간 새로운 모습을 만들어내지만, 그 본질은 언제나 그 자리에 있는 신비로운 존재였습니다. 에세이 『해파리』는 그런 사랑에서 출발했습니다.

   저는 오랫동안 '사랑'이라는 주제를 가슴에 품고 살아왔습니다. 삶 속에서 스쳐 간 사랑, 잃어버린 사랑, 그리고 그 사랑이 남긴 감정들과 마주하며, 우리는 어떻게 사랑을 기억하고 또 사랑 속에서 성장하는지를 들여다보고 싶었습니다.
   이 책은 단순한 낭만의 기록이 아닙니다. 사랑이 우리 삶의 결에 어떤 방식으로 스며드는지를 조심스럽게 탐색한 여정입니다.

   글을 쓰는 동안 저는 사랑이 가진 양면성과 자주 마주했습니다.
   그것은 때로 날카로운 고통이었고, 때로는 생을 지탱하게 해준 다정한 온기였습니다.
   제가 만났던 사람들, 스쳐 간 이야기들, 그리고 저 스스로 겪은 감정의 파편들이 이 책의 곳곳에 담겨 있습니다.

『해파리』가 당신의 기억 속 어딘가에 조용히 가라앉아 있던 사랑을 다시 떠오르게 하기를 바랍니다.

어떤 이에게는 추억으로, 또 다른 이에게는 위로로, 그리고 누군가에게는 새로운 사랑을 향한 첫걸음이 되기를 바랍니다.

사랑은 멀리 있는 것이 아닙니다.
이 순간에도 당신 마음속에서 여전히 살아 숨 쉬고 있습니다.
이 책이 당신만의 사랑 이야기에 작은 울림으로 남을 수 있기를 바랍니다.

한여름 연미마을에서
양창식

Jellyfish

contents

프롤로그 | 4

1장
처음, 너를 마주한 순간

바다를 만난 순간, 내 마음도 열렸다 | 15
파도가 전하는 속삭임을 들으며 | 18
깊은 바닷속, 내면의 숨겨진 풍경을 마주하다 | 21
해변에서 느낀 자유와 고독의 공존 | 25
바다 물결 따라 스며드는 기억 | 29
바다의 비밀, 그리움으로 남다 | 33
바다와 나, 서로 닮아가는 여정 | 36
바닷가에서 다시 태어난 마음 | 39
파도 위 작은 꿈의 조각들 | 42
수평선에 담긴 희망과 두려움 | 45
바닷가에서 시작된 나만의 여행 | 48
밤바다에 비친 별빛처럼 빛나는 순간들 | 51
물안개 속에 숨겨진 내 마음의 풍경 | 54
모래 위에 새겨진 지난 시간의 흔적 | 58
바다를 닮은 나의 이야기 | 61

2장
함께 걸었던 그 계절

파도는 언제나 말을 걸었다 | 67
내 상처는 푸른 물빛을 띠었다 | 70
바닷물 속에 너의 기억이 잠겨 있었다 | 73
나는 물결 위를 걷는 법을 배워야 했다 | 76
그 여름은 끝나지 않을 것 같았다 | 79
반짝임은 어디서 시작되었을까 | 83
혼자 떠도는 별에 말을 걸다 | 86
마음은 낮게, 조용히 부서졌다 | 89
그날은 내게 가장 푸른 날이었다 | 92
조개껍데기는 무언가를 속삭이고 있었다 | 95
돌아보면 언제나 해변이었다 | 98
나는 너의 마음에 지도를 그렸다 | 101
슬픔은 등대를 향해 걸어갔다 | 104
사랑은 언제나 다시 돌아온다 | 107
사랑에는 경계가 없다 | 110

3장

균열의 속도

마음에 숨겨진 가시 | 117
달콤한 아픔은 왜 오래 남는가 | 120
미소 뒤에 감춰진 진실 | 123
눈빛이 말해주는 것들 | 126
나는 왜 너에게 벽을 쌓았을까 | 129
달콤해서 더 쓰라렸던 순간 | 132
사랑이 가장 아플 때 | 136
슬픔은 흔적처럼 남는다 | 139
가까이 있기에 더 필요한 거리 | 142
부드러움은 때로 속박이 된다 | 145
두려움 없는 사랑은 가능한가 | 149
사랑이 경계 위에 설 때 | 152
진실은 언제나 날카롭다 | 156
마음속 깊은 곳에서 흔들리는 것 | 159
사랑이 아픔을 동반하는 이유 | 162

4장

이별은 파도처럼 온다

사라진 퍼즐 조각을 사랑하다 | 167
상처에 피는 사랑 | 170
흔들리는 마음 위의 사랑 | 174
사랑은 외로움의 반쪽일까 | 177
사랑인가, 집착인가 | 181
나를 사랑해야 너를 사랑할 수 있다 | 185
사랑이 허기를 채울 수 있을까 | 188
채워지지 않는 마음, 그 안에 너를 담다 | 191
거울 속 나를 사랑하다 | 194
사랑이 나를 바꾸는 순간 | 197
사랑은 나를 키운다 | 200
감당할 수 없는 사랑의 크기 | 204
사라질까 두려워, 너를 잡는다 | 207
사랑은 선택의 기록이다 | 210
사랑이라는 위험을 택한 사람들 | 213

5장

남은 것들은 사라지지 않는다

사랑은 말없이 이별을 준비하고 있었다 | 219
사라지는 순간에도 우리는 서로를 보고 있었다 | 222
끝을 예감한 마음은 더 따뜻했다 | 225
침묵 속에서 사랑은 더 많은 말을 했다 | 228
이별은 우리를 낯선 바다로 데려갔다 | 231
기억은 가장 조용한 방식으로 돌아온다 | 234
흔적은 사라져도 여운은 남는다 | 238
그리움은 삶의 결을 바꾼다 | 241
잊으려 할수록 더 선명해지는 순간들 | 244
마주치지 않아도 여전히 연결된 마음 | 248
사랑의 끝에서 우리는 자신을 만난다 | 251
사랑은 끝나도, 나를 움직이는 힘이 된다 | 254
눈물 너머에 또 다른 삶이 있다 | 257
사랑은 흔적이 되고, 발자국이 된다 | 260
사라진 만큼 남겨진 것들 | 264

에필로그 | 268
참고한 작품과 인물들 | 270

Jellyfish

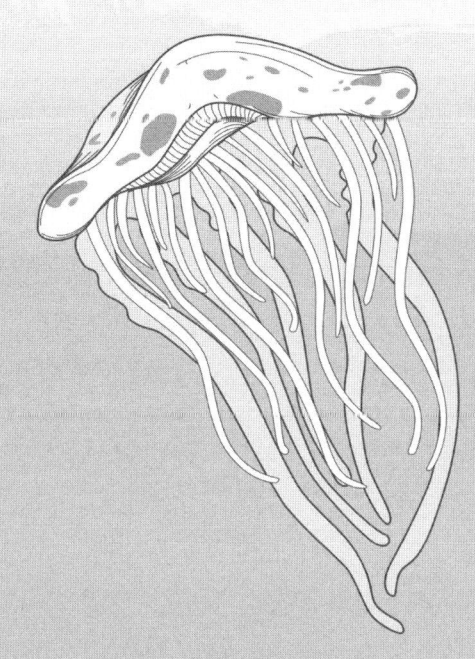

| 1장 |
처음, 너를 마주한 순간

해파리처럼 투명한,
아픈 사랑

빛에 따라 흔들리는
마음의 선(線)
보이고 싶지 않아 더 투명해지는 나

사랑은 잡히지 않아서
더 선명하게 남는다

바다를 만난 순간, 내 마음도 열렸다

◇

바다는 말없이 다가오고,
나는 조심스럽게 마음을 풀어 놓았다.
그 너른 품 앞에서 이유 없이 울컥하던 순간,
사랑은 그렇게 조용히 시작되었다.
해파리처럼, 투명하게 스며들었다.

바닷속 깊은 곳, 해파리는 마치 아무것도 하지 않는 것처럼 보인다. 무심히 떠다니며 파도에 몸을 맡기는 듯한 그 존재는 사실 미세한 떨림을 통해 물의 흐름을 감지하고 자신만의 움직임을 만들어간다. 눈에 잘 보이지 않는 그 떨림은 너무도 섬세해서 한동안 가만히 들여다보지 않으면 알아차릴 수 없다. 사랑의 시작도 그렇다.

사랑은 대부분 아주 작은 떨림에서 시작된다. 다른 감정들과 섞여 있어서 처음에는 그것이 무엇인지조차 알지 못한다. 친밀함일 수도 있고, 단순한 호기심일 수도 있다. 하지만 어느 순간 마음 한구석에서 미묘하게 진동하는 감각을 느낀다. 그것은 마치 먼 바다에서 다가오는 파도의 첫 번째 물결처럼 조용하고 잔잔하다. 하지만 그 물결은 결국 우리의 가슴 깊은 곳까지 스며든다.

  너는 처음으로 사랑이라는 떨림을 느꼈던 날을 떠올린다. 그 사람은 단지 네 곁을 스쳐 지나갔을 뿐 특별한 말도, 대화도 없었다. 하지만 그 순간, 공기가 더 투명해지고 주변의 소음이 희미해지는 것 같았다. 해파리가 물결 속에서 자신의 길을 찾듯 너도 모르게 그 사람을 향해 마음의 방향을 정한 것이다. 그때는 그것이 사랑일 줄 몰랐다. 단지 낯설고 익숙하지 않은 떨림이었다.

  사랑의 시작은 늘 그렇게 온다. 그것은 이름 붙일 수 없는 감각으로 다가온다. 해파리가 자기의 몸을 미세하게 흔들며 물의 흐름에 반응하듯 우리는 사랑의 감정을 처음에는 어렴풋이 느낄 뿐이다. 그것이 단순한 설렘인지, 아니면 더 깊은 감정으로 이어질지에 대해 고민할 시간도 없다. 다만 그 순간의 떨림은 우리를 잠시 멈추게 하고, 자신도 모르게 상대를 더 알고 싶어하게 만든다.

  해파리는 보이지 않는 떨림으로 자신의 존재를 증명한다. 그것은 파도에 휩쓸리는 것처럼 보이지만, 사실 그 작은 움직임은 생존의 신호다. 사랑도 비슷하다. 사랑의 시작은 언제나 미약하고 눈에 띄지 않는다. 하지만 그 떨림은 우리의 마음에 신호를 보낸다. 이 사람이 내게 특별하다, 이 감정이 내 삶에 어떤 변화를 불러올 것이라고. 우리는 그 신호를 받아들이고 나서야 비로소 사랑의 문턱에 발을 디딘다.

  하지만 사랑의 떨림은 때로 두려움을 동반한다. 그 떨림이 잘못된 방향으로 흘러가면 어떻게 할까? 해파리가 물결에 몸을 맡기면서도 미세하게 자신의 길을 조정하듯, 우리도 사랑의 떨림 속에서 갈등하고 흔들린다. 이 떨림을 따라가도 괜찮은 걸까? 이 감정이 나를 어디로 데려갈까?

사랑의 시작은 우리를 새로운 세계로 이끄는 문이다. 해파리가 새로운 바다로 떠밀려가며 자신이 어디로 가는지 알 수 없듯, 사랑의 시작은 우리를 예측할 수 없는 여정으로 안내한다. 그리고 그 여정 속에서 우리는 우리의 마음과 그 사람의 존재를 조금씩 알아간다.

너는 가끔 해파리를 떠올리며 사랑의 시작을 생각한다. 해파리는 그 미세한 떨림을 통해 바다를 느끼고, 파도와 조화를 이루며 살아간다. 그 떨림은 우리에게 누군가를 알아가고 싶다는 신호를 보내고, 그 신호를 따라갈 용기를 내게 만든다. 떨림은 그 자체로 강렬하지 않을 수 있다. 하지만 그것이 없었다면, 사랑의 시작도 없었을 것이다.

사랑은 보이지 않는 떨림에서 시작된다. 아주 작고 가벼우며 어쩌면 지나칠 수 있는 순간, 그러나 그 순간이 삶을 바꾸고, 우리를 더 깊고 넓은 바다로 데려간다. 해파리가 파도의 떨림 속에서 자신의 길을 찾듯, 우리는 사랑의 떨림 속에서 자신의 마음을 찾아간다. 그 떨림은 우리의 삶을 흔들고, 다시는 이전으로 돌아갈 수 없게 만든다. 그리고 그것이 사랑의 가장 아름다운 시작이다. *

파도가 전하는 속삭임을 들으며

◇

파도는 속삭이듯 말을 반복했다.
그 잔잔한 움직임 속에서 나는 흔들렸다.
떠난 말들이 물결에 섞여 돌아오고,
그 침묵이 오히려 더 많은 말을 했다.
나는 그 속에서 조용히 부유했다.

사람 사이의 관계가 투명하다는 것은 겉으로는 모든 것이 보인다는 뜻일까? 아니면 속내를 드러낼 필요가 없을 만큼 신뢰와 평온이 깃들어 있다는 뜻일까? 너는 한때 그녀와 정말로 투명한 관계에 있다고 믿었던 적이 있다. 모든 것을 알고 있다고 생각했고, 그녀도 너와 같을 거라고 확신했다. 하지만 시간이 지나면서 깨달았다. 관계가 투명해 보인다고 해서 마음까지 선명하게 읽히는 건 아니라는 것을.

너와 그녀와의 첫 만남은 유난히 담백했다. 화려하지도, 격정적이지도 않았다. 하지만 이상하게도 서로에게 경계를 두지 않는 듯한 자연스러움이 있었다. 대화는 막힘이 없었고, 서로의 말에는 공기가 스며드는 것 같은 여유가 있었다. 너는 그 관계가 다른 무엇보다 투명하다고 느꼈다. 서로를 숨길 필요가 없었고, 작은 거짓말조차 필요 없는 관계. 그렇게 두 사람은 아주 천천히 가까워졌다.

그러던 어느 날, 그녀의 눈빛이 이상하다고 느꼈다. 여전히 너에게 웃고 있었지만, 그 웃음이 어딘가 비어 있는 듯했다. 너는 묻고 싶었다. 괜찮아? 무슨 일이 있어? 하지만 입이 떨어지지 않았다. 너희는 투명한 관계를 유지하고 있다고 믿었기에, 그 침묵조차 서로의 합의로 이해됐다. 너는 그녀의 마음을 읽을 수 있다고 착각했다. 그녀는 아마도 네가 아무것도 묻지 않는 걸 편안해할 거라고 생각했다.

하지만 그 투명함은 오히려 두 사람에게 가장 큰 함정이었다. 그녀는 한 번도 자신의 깊은 속마음을 드러내지 않았고, 너는 그것을 문제 삼지 않았다. 오히려 그녀는 너를 믿고 있어서 굳이 설명하지 않는 거야라고 자신을 스스로 설득했다. 그러나 그녀의 투명함은 너를 위한 것이 아니었다. 그저 자신의 마음을 감추는 또 다른 방법일 뿐이었다.

어느 날, 그녀가 전화를 걸어왔다. 목소리는 평소와 다름없었지만, 단 한 마디로 모든 것이 무너졌다.
-우리, 여기까지인 것 같아.
너는 그 말을 들으며 뭔가 잘못된 것 같다는 감각이 틀리지 않았음을 깨달았다. 하지만 동시에 너무 늦었음을 알았다. 왜 그랬냐고, 이유를 묻고 싶었지만, 목소리가 나오지 않았다. 대신 그녀가 한마디 덧붙였다.
-네가 싫어져서가 아니야. 그냥 내가 나를 더 이해할 시간이 필요해.

우리가 정말 투명한 관계였을까? 그녀가 나를 떠난 이유가 정말로 그 자신 때문이었을까? 아니면 네가 그녀의 마음을 읽지 못했기 때문일까? 아무리 돌이켜 생각해도 너는 여전히 그녀의 진짜 마음을 알 수 없었다. 투명하다고 믿었던 관계 속에서 사실 너는 자신의 마음 너머의 어둠을 보지 못했다.

해파리를 본 것은 그 사람과 함께 갔던 여행지였다. 바닷가 마을에서 태어난 너는 해파리에 대해서 잘 알고 있었다. 작은 수족관의 해파리는 물속에서 아름답게 빛나고 있었다.
-참 신기하지 않아? 이렇게 투명한데도 독이 있다니.
그녀는 눈을 반짝이며 말했다. 너는 그 말이 무엇을 의미하는지 이해하지 못했다. 하지만 지금 와서 돌아보니 그 말은 어쩌면 둘 관계의 은유였는지도 모른다.

그날 이후 너는 투명함이라는 단어를 조심스럽게 대하게 되었다. 누군가와의 관계에서 투명함이란 단순히 서로의 겉모습을 드러내는 것만을 의미하지 않는다. 진정한 투명함이란 그 사람의 가장 깊은 부분, 가장 복잡한 감정까지 받아들일 준비가 되어 있는 관계를 말한다. 그러나 그것은 쉽지 않다.

사람의 마음은 해파리처럼 투명하지만, 동시에 복잡하고 읽기 어렵다. 중요한 건 그 투명함 속에서 상대방의 진짜 모습을 알아가는 용기, 그리고 그 과정에서 자신도 더 깊어지는 마음이다. 투명함은 곧 끝없는 이해와 노력의 과정이라는 것을, 너는 그때 비로소 배웠다. *

깊은 바닷속, 내면의 숨겨진 풍경을 마주하다

빛이 닿지 않는 곳에 마음이 잠겨 있었다.
떠오르지 못한 말들, 숨겨둔 상처들이
바닷속 어둠처럼 내 안에 조용히 출렁였다.
나는 그곳에서 나를 다시 만났고,
해파리처럼 천천히 부유하며 숨 쉬었다.

평소에 해파리는 투명하고 단조로워 보이지만, 특정한 빛이 비칠 때마다 전혀 다른 색으로 변하며 새로운 얼굴을 보여준다. 사랑하는 사람도 그렇다. 그 사람의 모습은 상황과 감정의 빛에 따라 다르게 보인다. 빛이 바뀌면 사랑도 변하고 사랑받는 사람의 모습도 달라 보인다. 너는 그런 변화의 순간을 아주 가까이에서 겪었다.

처음 만났을 때, 그녀는 마치 햇빛을 받은 해파리 같았다. 밝고 투명하며 마주하는 것만으로도 마음이 따뜻해졌다. 함께 있으면 너의 하루가 환해지는 것 같았다. 그녀는 세상을 다른 시선으로 바라보게 해주는 존재였다. 그녀와의 대화는 늘 즐거웠고 작은 농담에도 너희는 배를 잡고 웃곤 했다. 너는 그녀가 단단하고 변함없는 사람이라고 믿었다. 하지만 둘의 관계가 깊어질수록 너는 점점 다른 모습으로 옮겨가고 있었다.

그녀와 처음으로 심각한 갈등을 겪은 날을 떠올린다. 작은 오해에서 시작된 다툼이었지만, 그날 너는 그녀의 낯선 모습을 처음으로 마주했다. 그녀가 그토록 격정적이고 날카로운 언어를 사용할 줄은 몰랐다. 그녀가 네 앞에서 울먹이는 모습을 상상조차 하지 못했다. 그 순간 너는 혼란스러웠다. 이 사람이 원래 이런 사람이었나? 아니면 내가 몰랐던 또 다른 면이 드러난 걸까?

갈등 후의 그녀는 완전히 다른 빛을 띠었다. 차가운 얼굴, 말수가 줄어든 태도, 때로는 너를 피하는 눈빛까지. 네가 처음 사랑했던 밝은 모습은 사라지고, 해가 진 바다처럼 어둡고 고요한 모습만 남아 있었다. 너는 두려웠다. 내가 사랑했던 그 사람이 사라진 건 아닐까? 혹은 내가 그 사람을 변하게 만든 건 아닐까?

그러다 어느 함께 바다를 보러 간 날, 해파리를 발견했다. 맑은 날의 잔잔한 파도 아래에서, 해파리 한 마리가 빛을 받아 반짝이고 있었다. 그 순간 너는 깨달았다. 해파리의 색깔이 달라지는 건 그 자신이 변해서가 아니라, 빛과 각도가 변하기 때문이라는 것을. 사랑하는 사람도 마찬가지였다. 그녀는 처음부터 다양한 모습을 가지고 있었지만, 네가 보았던 건 그중 일부에 불과했다. 사랑이란 결국 그 모든 모습을 받아들이는 일이 아닐까?

그녀는 너에게 상냥함만을 보여줄 필요가 없었다. 밝고 따뜻한 모습뿐 아니라 어둡고 차가운 모습도 그녀의 일부였다. 그녀의 내면에는 둘이 함께 빛나던 순간도 있었지만, 혼자 고통 속에 있었던 순간도 있었다. 네가 보지 못했던, 혹은 보기를 꺼렸던 그녀의 모든 모습이 사실은 진짜 그녀였다.

어느 날 우리는 다시 이야기를 나누기 시작했다. 너는 그녀에게 말했다.
-가끔 네가 다른 사람처럼 느껴질 때가 있어. 예전과 다르게 느껴질 때도 있고.
그녀는 잠시 침묵하더니 조용히 대답했다.
-난 변하지 않았어. 다만 너에게 내가 어떤 빛을 받고 있는지가 달라진 거야.
그 말을 듣고 너는 두 사람의 관계를 다시 생각하게 됐다. 네가 사랑했던 사람은 언제나 하나의 모습만을 가진 사람이 아니었다. 그녀는 때로는 따뜻한 태양 아래에서 웃음을 주는 사람이었고, 때로는 흐린 날의 바다처럼 마음의 어둠을 감추고 있는 사람이었다. 그런 그녀를 이해하고 받아들이는 것이 사랑이었다.

그녀와의 사랑은 결코 한 가지 색으로 정의할 수 없었다. 밝고 투명했던 순간도 있었고, 어두운 그림자가 드리웠던 순간도 있었다. 하지만 그런 변화 속에서도 네가 확신할 수 있는 한 가지가 있다면, 그것은 그 모든 모습이 사랑받을 가치가 있다는 사실이다. 마치 해파리가 빛을 통해 다양한 색을 보여주듯 사랑하는 사람도 모든 모습 속에서 새로운 아름다움을 드러낸다.

사랑은 한 사람의 다양한 모습을 받아들이는 용기다. 그 용기를 내는 순간, 우리는 비로소 사랑의 본질에 더 가까워진다. 이제 너는 그녀를 볼 때마다 이렇게 속삭인다.

-네가 어떤 모습으로 빛나든, 나는 그 빛을 사랑할 거야. ✱

해변에서 느낀 자유와 고독의 공존

◇

바람은 나를 풀어놓았고,
고요는 나를 붙잡았다.
해변은 자유처럼 펼쳐졌지만
그 넓은 풍경 속에서 나는 홀로였다.
해파리는 고독 속에서 가장 유유히 흐른다.

 사랑은 눈에 보이는 걸까, 아니면 그저 느껴지는 것일까? 사랑의 실체를 묘사하려 할수록 그것은 더욱 손에 잡히지 않는 안개처럼 느껴진다. 가까이 다가갈수록 더 희미해지고, 결국 손가락 사이로 스르르 빠져나간다. 사랑은 해파리 같다. 그저 물에 떠 있는 투명한 생명체처럼 보이지만, 손을 뻗어 잡으려 하면 차가운 물결만 느낄 뿐이다.

 그녀와 처음 사랑에 빠졌을 때, 너는 사랑이란 매우 단순한 것이라 믿었다. 서로를 바라보고, 이해하며, 함께 웃고 울면 된다고 생각했다. 둘은 많은 시간을 함께 보냈고 대화도 잘 통했다. 너는 자신이 그녀의 마음을 완벽히 이해하고 있다고 믿었다. 하지만 어느 순간, 사랑이란 것이 우리가 주고받는 말이나 행동 그 너머의 무언가임을 느꼈다.

그녀는 때로 너에게 묻곤 했다.
-넌 내가 널 얼마나 사랑하는지 알아?
너는 고개를 끄덕이며 자신 있게 말했다.
-물론 알지.
하지만 그 말을 할 때마다 마음 한구석에 꺼림칙한 감정이 스며들었다. 정말로 알고 있는 걸까? 아니면 그저 내가 보고 싶은 대로, 듣고 싶은 대로 그녀의 마음을 이해하고 있는 걸까? 사랑의 실체를 제대로 알고 있다고 자신할 수 있을까?

언젠가 둘이 바닷가를 거닐던 날이었다. 너는 그녀의 손을 잡고 해변에서 밀려오는 파도를 바라보며 이렇게 말했다.
-사랑은 저 바다 같아. 끝이 보이지도 않고 내가 어디까지 들어갈 수 있을지도 모르겠어. 하지만 난 그 안에서 수영하고 싶어.
너는 그녀의 말을 들으며 고개를 끄덕였지만, 동시에 이해하기 어려운 감정이 일었다. 사랑이 그토록 거대하고 무형한 것이라면 우리가 그것을 붙잡을 수 있을까? 아니면 그저 물결에 휩쓸리는 것에 불과할까?

그녀와의 관계는 시간이 지날수록 깊어졌지만, 동시에 복잡해졌다. 작은 다툼이 있었고, 서로의 마음을 온전히 이해하지 못한 순간도 많았다. 너는 점점 그의 사랑을 확인하려는 습관에 빠졌다.
-정말로 나를 사랑해? 왜 그렇게 생각해?

이런 질문들은 내가 사랑의 형상을 잡아보려는 몸부림이었다. 하지만 그녀는 언제나 같은 대답을 했다.

-사랑은 보여주는 게 아니라 느끼는 거야. 말로는 다 설명할 수 없어.

그녀의 말은 맞았다. 사랑은 결국 느껴지는 것이다. 하지만 너는 여전히 그 실체를 알고 싶었다. 사랑이란 것이 얼마나 단단하고, 얼마나 오래 지속될 수 있는지 확인하고 싶었다. 네가 그렇게 사랑의 실체를 붙잡으려 애쓸수록 그녀는 점점 멀어지는 것처럼 보였다. 어느 날, 그녀는 너에게 말했다.

-넌 사랑을 너무 붙잡으려고 해. 그러다 사랑이 도망칠 거야.

그날 이후로 너는 방 한쪽에 놓인 유리병 속 해파리를 떠올렸다. 여행지에서 기념품으로 산 것이었다. 해파리는 액체 속에서 떠다니며 마치 살아 있는 것처럼 보였다. 하지만 그것을 유리병에 가둔 순간, 그것은 더 이상 바닷속에서의 자유로움을 잃었다. 사랑은 자유롭게 흐르는 것인데, 내가 그것을 이해하고 소유하려는 순간 사랑은 본래의 빛을 잃고 마는 것이다.

우리는 헤어졌다. 그 이유는 단순했다. 나는 사랑의 실체를 확인하려 했고, 그녀는 그저 그것을 느끼며 살고 싶어 했다. 우리는 같은 사랑을 하고 있었지만, 그 사랑을 대하는 방식이 너무 달랐다. 너는 그녀가 떠난 뒤에야 깨달았다. 사랑이란 본래 잡히지 않는 것이라는 걸. 그것은 손으로 붙잡는 것이 아니라, 그저 가슴으로 받아들이는 것이다.

해파리처럼 사랑은 잡히지 않는다. 그것을 붙잡으려는 순간, 그 아름다움은 손가락 사이로 흘러내린다. 사랑은 느껴야 한다. 그 실체를 찾으려는 욕심을 내려놓을 때, 우리는 비로소 사랑이 우리 안에서 자유롭게 흐르게 된다는 사실을 알게 된다. 그리고 그때야 사랑은 우리와 함께 머문다. *

바다 물결 따라 스며드는 기억

◇

기억은 물결처럼 출렁이며 되돌아왔다.
잊었다고 믿었던 감정이
조용히 나를 스쳐 지나갔다.
멈추지 못한 마음이 흘러간 자리마다
해파리는 투명한 상처를 남기고 있었다.

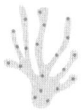

감정은 예상치 못한 순간에 모습을 드러낸다. 마치 어두운 구름 사이로 비치는 한 줄기 햇살처럼, 감정은 순식간에 우리 마음을 물들이고, 그 색이 얼마나 강렬한지, 얼마나 긴 시간을 머물지에 따라 우리의 하루가 달라진다. 너는 가끔 네가 알지 못했던 감정의 색을 마주하고는 그 감정을 붙잡으려 애썼다.

그녀를 처음 만났을 때, 그 만남이 네 마음에 오래 머무를지는 몰랐다. 두 사람은 처음에는 평범한 대화만 나누었다. 일상의 소소한 이야기를 주고받으며, 상대방의 감정에 대해 전혀 관심을 두지 않았다. 그녀와 너는 서로 다른 색을 가진 사람 같았다. 너는 늘 자신의 감정을 조심스레 숨겼지만, 그녀의 소탈한 감정은 그 누구보다 솔직하고 투명했다.

그러던 어느 날, 너는 문득 그녀를 잃을지 모른다는 불안을 느꼈다. 평소 같았으면, 그런 감정을 입 밖에 내지 않았을 것이다. 감정을 숨기고, 너 혼자 조용히 고민하는 게 익숙했기 때문이다. 하지만 자신도 모르게 감정이 입 밖으로 흘러나왔다.
-나는 가끔 네가 떠나버릴까 봐 두려워.
그 말은 네 마음에 솟아난 붉은 화살처럼 그녀의 가슴을 관통했다, 빨간색, 그 뜨겁고 강렬한 색깔은 너의 두려움과 불안을 나타내고 있었다. 마음속에 솟구친 감정이 입에서 빠져나가자, 너는 순간적으로 말문이 막혔다. 네가 그토록 숨기고 싶었던 불안이 그대로 드러나 버린 것이다. 너는 순간적으로 그 말을 하고 나서 후회했다.

그녀는 잠시 조용히 앉아 있었다. 그런 그녀의 눈빛을 보면서 너는 자신의 감정이 비치는 또 다른 색을 보게 되었다. 그 색은 바로 푸른색이었다. 푸른색은 차분함을 의미했지만, 동시에 그녀의 눈빛에는 내가 상상하지 못한 깊은 고요함과 이해가 스며 있었다. 그녀는 잠시 침묵을 지킨 후, 아주 조용히 말했다.
-나는 네가 그렇게 느끼는 줄 몰랐어. 하지만 너의 두려움도 내 마음에서 느껴.

너는 자신의 감정이 어떻게 다른 사람에게 영향을 미칠 수 있는지 처음으로 깨달았다. 너는 자신의 감정을 빨간색으로 표현했지만, 그녀가 느낀 감정은 푸른색이었다. 그 두 색이 겹치면서 비로소 너희는 서로를 이해하게 되었다. 그녀가 너의 두려움을 이해해 주었을 때,

너의 감정은 그 어느 때보다 더 선명하게 드러났다.

그 후로 너는 감정이 언제든지 어떤 색깔을 띠고 드러날지 예측할 수 없다는 것을 알게 되었다. 감정은 언제나 그 순간의 상황에 따라 다르게 변한다. 기쁨, 슬픔, 불안, 평화… 이 모든 감정이 순식간에 우리의 마음을 물들이고, 그 색깔은 우리가 어떻게 반응하느냐에 따라 달라진다. 감정을 억누르고 숨기려고 할수록 그 감정은 더 강렬하게 얼굴을 드러낸다.

비 오는 날, 너는 그녀에게 편지를 썼다. 그날은 유난히 감정이 복잡했다. 너는 그녀를 사랑하면서도 그 사랑이 너에게 얼마나 큰 부담이 되는지 알았다. 사랑은 때로는 설렘과 기쁨을 주지만, 때로는 그 안에서 자신을 잃을지도 모른다는 두려움을 주었다. 편지를 쓰는 동안 너는 자꾸만 눈물이 나왔다. 그 눈물은 슬픔의 색이었다. 짙은 파란색, 그리고 그 속에 희미한 회색이 섞인 색이었을 것이다. 너는 그 감정을 편지에 담아냈고, 그 편지를 그녀에게 전했다.

편지를 읽고 난 그녀가 전화를 걸어왔다. 그녀는 아무 말 없이 잠시 침묵을 지키다가 말을 꺼냈다.
-너는 정말 다채로운 색을 가진 사람인 것 같아.
너는 그녀의 말에 웃었다. 그의 감정들이 그녀에게는 그렇게 보였을지도 모른다는 생각이 들었다. 그녀와 함께 있는 동안, 너는 자신의 감정이 어떻게 변할 수 있는지를 배웠다.

사랑은 그 순간순간마다 다채로운 색깔을 가진다. 감정의 색깔은 마음의 상태와 환경에 따라 달라지고, 그 색을 이해하는 사람이 있을 때 비로소 서로를 더 깊이 이해할 수 있다. 네 감정은 단순히 너의 것이 아니었다. 그 감정은 그녀와 너, 두 사람 사이 소통의 창이 되어 주었다. *

바다의 비밀, 그리움으로 남다

◇

들리지 않는 말들이
바람을 타고 가슴에 닿았다.
너의 부재는 어느새 익숙해졌지만,
해파리처럼 맴도는 그리움은
늘 나를 지나 다시 너에게로 향했다.

누군가를 가까이에서 보면 볼수록 그 사람의 본질이 점점 더 낯설게 느껴질 때가 있다. 처음 만났을 때, 그녀는 네가 상상했던 그대로였다. 그녀의 말투, 표정, 행동 하나하나가 너에게 익숙하고 편안하게 다가왔다. 마치 오래된 친구처럼 느껴졌고, 너는 그 사람을 쉽게 이해할 수 있다고 생각했다. 하지만 시간이 지나고, 그녀의 모습이 조금씩 변해가면서 너는 그 사람을 이해하는 것이 점점 더 어려워졌다.

그녀는 강한 매력을 지녔다. 그녀의 말에는 항상 힘이 있었고, 그녀가 건넨 웃음은 너의 마음을 밝게 만들었다. 처음엔 그녀가 마치 너의 전부처럼 느껴졌다. 그녀가 옆에 있을 때면 세상이 멈춘 것처럼 느껴졌고, 너희는 서로를 완벽하게 이해하는 사이가 된 것 같았다. 하지만 가까이서 그녀를 자주 만날수록 너는 그녀에게서 점점 더 많은 모순을 발견하기 시작했다.

산책 중, 그녀가 문득 걸음을 멈췄다. 너는 무슨 일이 있는지 물어봤고, 그녀는 잠시 침묵을 지키더니 입을 열었다.
-사실 나는 이런 게 다 싫어.
그녀의 말은 이외였다. 그녀가 평소에 보여주던 자신감 넘치는 모습이나, 그녀가 나에게 해주었던 말들과는 선혀 다른 모습이었다. 그녀는 한동안 너를 바라보며 말을 이었다.
-내가 좋아하는 건, 세상과 거리를 두고 조용히 있는 거야. 하지만 내가 이 사회에서 살아가려면 끊임없이 노력하고 보여줘야 하니까.
그녀는 처음 만났던 그 사람이 아니었다. 그녀가 너에게 처음 보여준 모습은 언제나 강하고 대담한 사람이었기 때문에 그런 말을 하는 그녀가 낯설게 느껴졌다. 그녀의 모습 속에 감춰졌던 불안과 두려움을 너는 처음 알게 되었다.

가까이서 보니 그녀는 복잡했고 다층적이었다. 너는 그녀의 밝은 모습에만 익숙해 있었지, 그 이면의 어둠과 흔들림을 받아들일 준비가 되어 있지 않았다. 처음에 그녀가 자신감 넘치는 모습을 보였을 때, 너는 그녀에게 완벽함을 기대했다. 하지만 점점 그녀와 가까워질수록 그녀의 불안과 나약함이 드러나기 시작했다.

만남이 지속될수록 충돌도 잦아졌다. 너는 그녀가 너에게 보여준 모습과 달리, 그녀의 내면에서 갈등하는 모습을 보고는 조금씩 그녀의 본질에 대한 혼란이 커졌다. 그녀가 너에게 말할 때, 그녀는 언제나 진지하고, 때로는 유머를 섞어가며 너를 웃게 했지만, 그 웃음 뒤에 감춰진 외로움이 느껴졌다.

처음 사랑을 시작할 때, 우리는 상대방의 좋은 면만을 보고 그 사람을 이상화하게 된다. 그러나 가까이서 그 사람을 바라볼수록 우리는 그 사람의 약점과 결점까지 보게 된다. 사랑은 처음에는 단순하고 순수한 감정처럼 느껴지지만, 시간이 지나면서 그 사람의 본질을 점점 더 많이 알게 되고 그때부터 진정한 사랑이 시작된다고 생각한다.

그녀와의 관계에서 너는 자신의 마음속에서 그녀가 완벽한 사람이라는 이미지를 점차 내려놓았다. 그녀가 가진 불완전함과 모순을 인정하기까지 시간이 걸렸다. 하지만 결국 너는 그 사람을 온전히 받아들이기로 결심했다. 그 사람의 본질은 내가 처음에 느꼈던 것처럼 단순하지 않았다. 그녀는 복잡하고 다면적인 존재였으며, 그녀가 가진 불안과 두려움도 그 사람의 중요한 부분이었다.

사람의 본질은 단순히 우리가 처음 보고 느낀 그 모습만이 아니다. 사람을 가까이서 바라볼수록 그 사람의 본질은 점점 더 다가오지만, 그 다가옴이 반드시 친숙함을 의미하지 않는다. 오히려 가까이서 보면 볼수록 그 사람의 본질은 낯설고 복잡한 것일 수 있다. 그런 낯섦을 받아들이는 것이 바로 사람을 진정으로 이해하는 과정이 아닐까. ✱

바다와 나, 서로 닮아가는 여정

◇

오래 바라보다 보면
나도 어느새 파도처럼 출렁였고,
해파리처럼 투명해지고 있었다.
바다는 나를 닮았고 나는 바다를 닮아갔다.
그 속에서 우리는 조용히 이어지고 있었다.

너의 삶에서 가장 중요한 순간들은 언제나 그 사람을 마주할 때였다. 그녀는 늘 그랬듯이 네 마음을 알 듯 말 듯 아무 말 없이 감싸 안아 주었다. 하지만 그녀가 네게 준 것은 따뜻한 포옹이나 말이 아니라 '투명함'이었다. 투명한 존재는 너를 위로하고 너를 살게 했다.

사실 너는 그녀를 처음 만났을 때, 특별한 사람이라기보다는 그냥 그런 사람일 것으로 생각했다. 하지만 함께 시간을 보내면서 그녀의 내면에 숨겨진 무언가가 점점 더 궁금해지기 시작했다. 그녀는 말없이 너를 바라보며 항상 온화한 미소를 지었다. 그리고 너의 기분을 바로 읽어내듯 괴로워할 때는 아무 말 없이 옆에 앉아 주었다.

한 번은 그녀와 길을 걷다가 문득 네가 그녀에게 다가가기를 꺼린 적이 있었다. 그녀가 너에게 다가오면, 뭔가 큰 변화가 일어날 것만 같았고, 너의 감정이 너무 무너질까 봐 두려웠다. 그 사람이 내게 얼마나 소중한 존재인지 알아가면 알수록 네가 그 사람을 잃을까 봐 두려운 마음이 커졌다.

그녀는 언제나 너를 이해하려고 했지만, 그녀와의 대화에서 너는 무언가 말하지 못했다. 그녀는 그런 너의 마음을 알고 있었을까? 그녀가 너에게 다가오는 방식을 전혀 예상할 수 없었다. 그녀는 늘 너의 감정을 존중하며, 너에게 무리하지 않도록 배려했다. 그녀의 투명함은 너를 압박하지 않으면서도 너의 마음을 들여다보게 하는 기술이 있었다. 너는 그 사람의 눈을 마주할 때마다, 그 눈 속에서 말하지 않아도 다 알아차린 듯한 느낌을 받았다.

그녀는 겉으로 보였던 모습과는 다르게, 네 안에 숨겨져 있던 모든 복잡한 감정들을 인정하고, 그 감정들이 그대로 받아들였다. 그녀는 너의 기쁨과 슬픔을 모두 받아들일 수 있는 여유를 가졌다. 그러나 관계가 깊어질수록 너는 점점 더 그녀의 진짜 모습을 이해하려 하지 않았다. 그녀에게 너무 많은 기대를 걸고 싶지 않았다. 그녀를 완전히 이해하고 싶은 마음도 있었지만, 동시에 내 기대가 너무 커지면 그녀가 떠나갈까 봐 두려웠다.

둘이 함께하는 시간이 길어질수록 너는 그녀의 투명함 속에 더 많은 감정을 숨기고 있다는 것을 알게 되었다. 그녀의 눈빛, 그녀의 말투, 그녀가 보낸 무수한 침묵 속에 담겨 있는 의미들을 너는 하나하나 파헤치고 싶었다. 하지만 그녀는 너의 호기심을 마주하며 언제나 한 걸음 물러서 있었다. 그녀는 너무나도 완벽하게 너를 지켜주면서도, 동시에 완전한 비밀을 주었다. 그녀의 보호막은 너로부터 한 발짝 떨어져 있는 안전한 공간이었다.

어느 날, 너는 물었다.
-너는 나에게 무엇을 원하는 거야?
그 질문에 그녀는 잠시 침묵했다. 그리고 아주 부드럽게 대답했다.
-나는 그냥 네가 행복한 거면 돼. 너의 모든 감정을 내가 다 알 필요는 없어. 다만 네가 괴로워할 때 내가 곁에 있을 수 있다면 좋겠어.

투명함은 다른 사람의 마음을 읽는 것이 아니라, 그 사람의 존재를 그대로 인정하고, 그 사람이 너에게 어떤 방식으로 다가오고 있는지 이해하려는 마음이다. 그녀의 투명한 마음이 너를 감싸는 순간, 세상에 어떤 방어막도 필요 없다는 생각이 들었다. 그녀의 존재가 네 마음의 보호막이 되어 주었기 때문이다.

그녀와의 관계에서 네가 느낀 것은, 투명함이 바로 사람들 간의 진정한 연결을 만드는 힘이라는 것이다. 투명한 존재는 상대방을 압박하지 않으며 자신의 존재를 완전히 드러낼 때, 그 존재는 다른 사람에게도 큰 힘을 준다. 너는 그녀를 통해, 지금까지 느껴보지 못한 방식으로 자신을 지킬 수 있었다. 그녀의 보호막 같은 투명함은 너에게 온전한 자유와 평화를 안겨주었고, 그 속에서 너는 점차 나 자신을 더 깊이 이해하게 되었다. *

바닷가에서 다시 태어난 마음

짠 내 나는 공기가 폐 깊숙이 들어올 때,
나는 오래된 슬픔을 내쉬고 있었다.
투명하게 가라앉았던 감정이
다시 부유하며 숨을 쉬었다.
이 바다에서 나는 또 한 번 태어나고 있었다.

 우정과 사랑 사이, 그 미묘한 경계는 언제나 너를 혼란스럽게 했다. 우정이란 단단한 뿌리를 내린 나무처럼 그 속에 심어진 감정이 시간이 지나면서 자라나는 것이라면, 사랑은 가벼운 바람처럼 너의 마음속에 스며든다. 그러나 때로 그 바람은 나무의 가지를 흔들고 그 안에 뿌리내린 감정을 흔든다.

 대학교 시절, 너는 한 여자 친구와 가까워졌다. 그 친구와의 관계는 처음부터 특별한 느낌이 없었다. 그냥 좋은 친구였고, 함께 시간을 보내며 서로의 고민을 나누고, 그녀가 너에게 위로를 주고 네가 그녀에게 조언을 해주는 그런 관계였다. 그때는 둘이 그냥 평범한 친구일 뿐이라고 생각했다. 그러나 시간이 지나면서, 그녀의 웃음, 그녀가 너에게 보내는 작은 배려들이 마음속 깊은 곳에 닿기 시작했다.

　어느 날, 함께 영화를 보고 나서 돌아오는 길, 그녀는 너에게 말했다.
　-오늘 재밌었어. 넌 언제나 내게 좋은 친구야.
　그 말에 너는 왜 그런지 알 수 없지만 가슴이 두근거렸다. 그녀의 말은 네가 듣고 싶었던 말이었지만, 동시에 마음속에서 뭔가가 스쳤다. 그녀는 너의 친한 친구일 뿐이라고, 계속 그렇게 스스로에게 말했다. 하지만 그 말이 마음에 깊게 박히면서, 너는 점점 그 친구와의 관계가 단순한 우정이 아닐지도 모른다고 느끼기 시작했다.

　하루는 그녀가 너에게 말했다.
　-너랑 있으면 정말 편해. 그 누구보다 나랑 잘 맞는 것 같아.
　그 말은 너에게 큰 충격을 주었다. 그녀는 늘 너에게 우정을 전하고, 너 역시 그녀에게 우정을 담아 내 마음을 전했지만, 그 말속에는 우정이 아닌 다른 감정이 섞여 있다는 느낌이 들었다.

　우정과 사랑 사이에서 헤매던 어느 날, 너는 그녀에게 고백해야 할까? 아니면 그냥 이 감정을 가슴 속에 묻어두어야 할까? 하는 갈림길에 서 있었다. 그녀와 너는 그저 친구였고, 너의 감정을 말한다면 둘의 우정이 깨질까 봐 두려웠다. 친구로서의 관계를 유지하고 싶었지만, 동시에 그녀와의 관계에서 벗어나지 못할 만큼 강한 끌림을 느끼고 있었다.

　어느 날, 너희는 공원에서 함께 산책했다. 그리고 그 순간, 너는 마

음속 깊은 곳에서 모든 감정을 털어놓기로 결심했다

-나, 사실 너한테 좀 이상한 감정을 느껴.

그 말을 하는 내내 내 목소리는 떨렸고, 그녀가 그의 말을 어떻게 받아들일지 두려웠다. 잠시 침묵이 흘렀다. 그리고 그녀는 이렇게 말했다.

-나도 너에게 특별한 감정을 느끼고 있는 것 같아.

그 말은 너에게는 너무나 충격적이었다. 그녀가 너를 단지 좋은 친구로만 생각한다고 믿었기 때문이다. 너희는 서로를 친구로만 바라보던 시절을 지나 그 흐릿한 경계를 넘기 시작했다.

너희는 서로의 감정을 존중하며 조금씩 서로에게 다가갔다. 때로는 사랑을 느끼지 않으려고 애썼고, 때로는 사랑을 받아들이므로 두려웠다. 하지만 어느 순간, 너는 우정과 사랑 사이의 경계가 단지 하나의 선이 아니라 하나의 과정이라는 것을 알게 되었다. 그 경계는 지나쳐야 할 두려움이 아니라 우리가 함께 만들어가는 공간이었다.

우정과 사랑은 결코 구분할 수 없는 경계선이 아니라 서로 얽히고 스며드는 복잡한 감정의 흐름이었다. 두 사람은 그 경계가 흐릿해질수록 더욱 진실한 마음으로 서로를 이해할 수 있었다. ✽

파도 위 작은 꿈의 조각들

◇

흩어진 마음 위로 파도가 조용히 밀려왔다.
그 위에 조심스레 놓인 건 아주 작고 투명한 꿈들.
바람이 그 조각들을 어루만지듯 지나갈 때마다
나는 잊고 있던 희망을 떠올렸다.
언젠가 닿을 수 있을 거라는 조용한 믿음처럼.

너는 살아가며 마주하는 모든 것들이 미스터리로 가득 차 있다는 사실을 어느 순간 깨달았다. 처음에는 그저 보이지 않는 무언가가 존재한다고 느꼈다. 하지만 시간이 흐를수록 너는 그 미스터리가 자신의 마음속 깊은 곳과 연결되어 있다는 걸 알게 되었다. 자연 속에서의 작은 변화들, 그 모든 순간이 자기 내면의 신비와 얽혀 있다는 사실을 깨달았을 때, 너는 마치 새로운 세상에 들어선 것 같았다.

이런 생각은 특별한 순간, 협재해수욕장에서 파도를 보며 시작되었다. 비양도가 바로 눈앞에 있는 그림 같은 해변이다. 그때 너는 혼자 해변을 걷고 있었다. 바다의 물결은 늘 그렇듯 규칙적으로 밀려왔지만, 그날의 파도는 평소와 조금 달랐다. 바람에 따라 물결의 크기가 달라지고, 파도가 쓸려가면 해안선에 남긴 자국이 또 다르게 보였다. 물속에서 바다의 깊이를 상상할 수 없듯 바다의 겉모습만으로는 모든 것을 알 수 없다는 생각이 들었다.

그리고 그날, 너는 문득 '자연 속의 미스터리'라는 말을 떠올렸다. 바다는 언제나 그렇듯 예쁘고 신비로운 곳이지만, 그 안에 어떤 미스터리가 숨어 있는지 알 수 없었다. 바닷속 깊은 곳에는 우리가 모르는 세계가 존재하고, 그 안에서 이루어지는 일들은 우리가 상상할 수 없는 것들이었다. 너는 그 순간, 그 미스터리의 일부가 되어버린 것 같았다. 자연의 힘으로 너도 모르게 휘말려 들어간 느낌이었다.

그때 너는 사랑에 대한 감정을 떠올리게 되었다. 네가 사랑하는 사람을 생각할 때, 그 사람의 마음속에서 일어나는 일들을 알 수 없다는 사실을 언제나 느꼈다. 사랑이란 결국 하나의 신비로움이 아닐까? 그 사람의 마음을 알고 싶지만, 그것은 네 마음대로 될 수 없다는 것을 너는 점점 깨닫게 되었다. 마치 바닷속 깊은 곳처럼 사랑의 진실은 네가 도달할 수 없는 곳에 있는 것 같았다. 너는 그녀의 마음을 알고 싶어 했지만, 그녀는 언제나 너에게 손이 닿지 않는 곳에 있었다.

그날 해변에서의 경험은 내 마음속에서 하나의 큰 물음표를 남겼다. 너는 사랑에 대해 이렇게 생각했다. 사랑은 자연의 법칙처럼 우리에게 다가오는 것이지, 우리가 그것을 온전히 이해하거나 통제할 수 있는 것이 아니라는 것이다. 우리는 단지 그 흐름 속에 휩쓸려가며, 그 안에서 느끼는 감정의 변화를 따라갈 뿐이었다.

너는 어느 날, 아주 특별한 사람과의 만남에서 그 미스터리가 더욱 깊어졌다는 것을 느꼈다. 그녀와 함께할 때마다 너는 마치 바닷속 깊은 곳을 탐험하는 듯한 느낌이 들었다. 그녀의 마음속은 마치 무한한 바다와 같았다. 너는 그녀의 마음을 전부 알 수 없었지만, 그녀와 함께 있을 때마다 그 안에서 새로운 것들을 발견했다. 처음에는 그녀의 말 한마디가 네 마음을 흔들었고, 그녀의 작은 미소가 너를 설레게 했다.

그 미스디리 속에서 너는 네가 생각했던 것보다 훨씬 더 많은 감정을 느꼈다. 사랑이란 하나의 신비로움처럼 다가왔다. 두 사람은 서로를 온전히 이해할 수 없다는 것을 알면서도 사랑을 이어가고 있었다. 그녀는 너에게 완전히 이해될 수 없는 존재였고, 너는 그녀를 온전히 이해할 수 없었다. 하지만 그 모호함 속에서 너는 그녀와의 관계가 더욱 깊어졌다고 느꼈다. 사랑이란 결국 그 신비로움 속에서 서로를 조금씩 알아가고, 그 미스터리를 풀어가는 과정이 아닌가 싶었다.

오늘도 너는 바다를 바라보며 그 신비로움 속에서 마음이 흔들린다. 사랑과 자연, 그 속에서 너는 끊임없이 미스터리를 풀어가고 있다. 그 미스터리가 그녀의 마음을 이끌고, 너는 그것을 따라가며 조금씩 그의 존재를 알아가고 있다. *

수평선에 담긴 희망과 두려움

◇

수평선을 바라볼 때면 마음이 조용해졌다.
끝이 보이지 않는 그 너머엔 설렘도, 막막함도 있었다.
닿고 싶다는 갈망과, 되돌아갈 수 없을까! 하는 두려움이
나란히 어깨를 맞댄 채 머물러 있었다.
바다는 늘 그렇게, 내 마음의 경계를 비추었다.

사랑은 언제나 매력적이다. 처음에는 그 감정이 어떤 모습으로 다가올지 모른다. 사랑이라는 감정은 마치 해파리처럼 투명하고, 그 안에는 아름다움과 위험이 동시에 존재하는 것 같다. 외적으로는 아무렇지도 않게 느껴지지만, 그 안에 숨겨진 복잡한 감정과 예기치 못한 결과들은 때때로 우리의 마음을 찔러 상처를 남긴다.

어릴 적, 너는 사랑을 단순한 감정으로만 여겼다. 그 감정은 달콤하고 부드럽다고 생각했다. 그리고 사랑에 빠지면 세상이 다 아름다워 보일 것이라고 믿었다. 하지만 시간이 흐르고 여러 번의 만남과 이별을 겪으면서 사랑이 전혀 단순하지 않다는 것을 깨달았다. 그 사랑 속에는 상처와 아픔이 숨어 있고, 때로는 그것이 너를 이끌어간

다. 그때, 너는 해파리를 처음 만난 듯한 느낌을 받았다.

오래전, 너는 한 여자에게 깊이 빠져들었다. 그녀는 처음 만났을 때부터 너에게 친절했고, 너의 모든 말에 귀 기울여주었다. 그녀와 함께 있으면 세상에서 가장 안전하고 편안한 느낌이 들었다. 네가 무엇을 말해도 그녀는 그저 너를 이해해 주는 것 같았다. 너희는 자주 만났고, 서로의 일상에 점점 더 깊숙이 들어갔다. 그때 너는 그녀의 말과 행동 속에서, 그녀가 너를 사랑한다고 믿었다.

하지만 시간이 지나면서 그녀와의 관계가 조금씩 변해갔다. 처음에는 그녀의 모든 것이 완벽하게 느껴졌지만, 점차 행동이 조금씩 변하기 시작했다. 그녀가 너에게 신경을 쓰지 않거나 갑자기 차가워진 모습을 보였을 때, 너는 그 이유를 알지 못했다. 사랑은 그런 것이라 믿었기 때문이다. 그녀가 너에게 무심코 던진 말들은 네 마음에 깊이 남았고, 그것들이 그녀가 너를 더 이상 사랑하지 않는다는 신호로 받아들였다.

사랑은 두 사람이 기대한 것처럼 순수하고 아름답지 않았다. 그 안에는 상처와 아픔이 숨어 있었다. 너는 그녀를 사랑하고 그녀가 사랑한다고 믿었지만, 사랑의 깊이가 달라지면서 그 감정은 점점 더 복잡해졌다. 사랑을 믿고 있었지만, 그 사랑이 네게 상처를 주기 시작하면서 너는 그 위험성을 깨닫게 되었다.

어느 날, 그녀가 너에게 망설임 없이 말했다.
-나는 너에게 더 이상 감정을 느끼지 않아. 우리 사이는 여기까지

인 것 같아.

 그 말은 마치 해파리의 독처럼 너를 찌르며 마음을 아프게 했다. 그녀는 그저 투명하고 부드럽게 다가와 너에게 그 사랑을 준 것 같았지만, 그 사랑이 끝나는 순간 너는 그 투명한 외면 뒤에 숨어 있던 위험을 알게 되었다.

 그때, 너는 사랑을 '투명하시반 위험한 경고'로 정의했다. 사랑이 아름답고 부드럽게 다가올 수 있지만, 그 속에는 우리가 예상하지 못한 위험이 숨어 있을 수 있다. 사랑은 그 자체로 아름다움과 위험을 동시에 지닌 감정이다. 그러나 그것이 바로 사랑의 본질일지도 모른다. 그 사랑이 위험하다고 해서 피할 수는 없다. 사랑은 결국 우리가 그 위험을 감수하면서도, 그 안에서 아름다움을 찾고자 하는 마음이 있기 때문이다.

 사랑이 주는 경고는 때때로 위험하지만, 그 위험을 무릅쓰고 사랑을 한다는 것이 결국은 우리가 진정 원하는 삶을 살아가는 방법일지도 모른다. 사랑은 그렇게, 우리가 마음의 깊이를 이해하고, 그 속에서 진정한 의미를 찾아가는 여정이다. ✱

바닷가에서 시작된 나만의 여행

◇

조용히 밀려오는 물결 소리를 들으며
나는 내 안의 작은 나침반을 꺼냈다.
누구도 정해주지 않은 길 위에서
나만의 리듬으로, 나만의 속도로 걸어가기 시작했다.
그 여행의 시작엔, 언제나 너라는 기억이 있었다.

사랑이란 무엇인가? 어쩌면 그 물음은 우리가 이 세상에 태어나면서부터 묻고 싶은 질문일지도 모른다. 그리고 그 물음에 대한 답은 늘 애매하고 모호하다. 사람마다 사랑을 다르게 정의하고 사랑의 방식은 때로 이해할 수 없는 방향으로 흘러간다. 너는 사랑을 몇 번 경험하면서 그 모호함을 깊이 느꼈다.

그렇게 사랑에 대해 고민하고 있을 무렵 한 여자를 만났다. 처음 만났을 때, 그녀의 웃음은 너무나도 밝고, 그녀의 목소리는 가벼운 바람처럼 네 마음에 스며들었다. 너희는 첫 만남에서부터 깊은 대화를 나누었고, 시간 가는 줄 몰랐다. 그녀도 마음을 열기 시작한 것처럼 보였다. 그때는 모든 것이 확실하게 느껴졌다. 사랑은 단순하고,

둘 사이의 감정은 분명했다.

하지만 시간이 지나면서 그 믿음은 점차 흔들리기 시작했다. 그녀는 어느 날, 너와의 관계에 관해 묻기 시작했다.
-너는 나를 어떻게 생각해?
그 질문을 들었을 때, 너는 분명히 사랑한다고 답할 수 있었지만 그 감정이 진짜 사랑인지 아닌지 확신할 수 없었다. 그녀가 너를 향해 보낸 눈빛과 행동들은 너에게 많은 의미를 부여했지만, 그 감정이 사랑인지 아닌지 정확히 알 수 없었다.

사랑은 네가 알고 있던 것처럼 그렇게 단순하지 않았다. 그 모호한 감정 속에서 너는 자꾸만 방향을 잃어버렸다. 그녀는 너에게 관심을 보이기도 했지만, 때때로 너를 혼란스럽게 만들었다. 어느 순간, 그녀는 그저 친구로 대하려는 듯한 거리감을 느끼기도 했고, 또 다른 순간에는 너에게 무언가를 말하려는 듯한 눈빛을 보였다.

그 여자의 눈빛은 매일 다르게 변했다. 한때는 다정하고, 때로는 차갑고, 심지어는 멀리서만 나를 바라보는 듯한 느낌을 받을 때도 있었다. 너는 그때마다 자신의 마음이 무너지는 것 같았다. 그녀를 사랑한다고 믿었지만, 너에게 어떤 감정을 품고 있는지 알 수 없었다. 그래서 너는 매번 그녀의 행동에 지나치게 신경을 쓰게 되면서 마음은 점점 더 흔들리기 시작했다.

사랑이란 감정은 정말 이해할 수 없을 때가 많다. 그 감정은 우리가 예상하는 대로 흘러가지 않는다. 그 감정의 방향은 우리가 원하는 대로 잡히지 않는다. 그녀에게 네 마음을 표현하고, 관계가 발전하길 바랐지만 그런 바람이 현실이 되는 순간은 쉽게 찾아오지 않았다. 사랑은 원하는 대로 끌어당길 수 있는 것이 아니었다. 그때 너는 사랑이란 손에 쥐려고 할수록 더욱 멀어져 가는 마치 모래처럼 손끝 사이로 빠져나가는 것 같다고 생각하게 되었다.

그런 혼란스러운 감정 속에서, 너는 점점 더 사랑의 의미를 잃어버릴 것만 같았다. 처음에는 그 모든 것 불확실함이 오히려 너를 매료시키는 요소였던 것 같기도 했다. 그러나 시간이 지날수록 그 모호한 감정이 너무나도 무겁게 다가왔다. 그 여자가 정말로 너를 사랑하는지, 아니면 그냥 호감을 느끼는 정도인지를 알 수 없었다. 그리고 그 모호함이 마음속 깊은 곳에서 계속해서 너를 괴롭혔다.

사랑은 이해할 수 없는 감정들 속에서 서로를 어떻게 이해하고 받아들여야 하는지를 배우는 과정이 아닐까. 너는 그 여자를 사랑한다고 생각했지만, 그녀가 너를 사랑하는지 아닌지는 알 수 없었다. 그 모호한 감정 속에서 둘은 서로를 바라보았고, 마침내 그 관계는 끝이 났다.

사랑이란 때로 우리가 원하고 이해할 수 없는 감정들 속에서 하나씩 풀어나가야 하는 것이 아닐까. 그 속에서 우리는 진짜 사랑이 무엇인지, 그 감정의 본질을 알게 되지 않을까. *

밤바다에 비친 별빛처럼 빛나는 순간들

물결 위에 별빛이 부서질 때면
나는 잊고 있던 감정들을 하나씩 떠올린다.
짧고도 찬란했던 너와의 순간들이
마치 밤바다 위의 별처럼
잠시였지만, 영원히 빛나고 있었다.

사랑은 우리가 생각하는 것보다 더 복잡하고 다층적인 감정이다. 한편으로는 무척 연약하고 섬세한 상처받기 쉬운 마음을 품고 있지만, 또 다른 한편으로는 그 속에 누구도 꺾을 수 없는 강한 의지와 힘을 내포하고 있다. 너는 그것을 사랑 속에서, 특히 너 자신을 통해 깨달았다. 사랑은 단순히 좋은 감정만을 주는 것이 아니라 때로는 너를 시험하는 고통과 시련을 동반한다.

몇 년 전 너는 한 여자를 만났다. 그녀는 너에게 많은 것을 가르쳐 준 사람이었다. 처음 만났을 때, 그녀의 눈빛은 마치 네가 오래전부터 기다려왔던 사람을 만난 듯한 느낌을 주었다. 두 사람은 자연스럽게 가까워졌고 그 관계는 점차 깊어져 갔다. 사랑이란 어쩌면 그렇게 자연스럽고, 알 수 없이 다가오는 감정이 아닌가 싶다. 둘은 서로에게 기대고, 서로의 마음을 이해하려 애썼다. 그녀와 너는 서로를 잘 이해한다고 믿었다.

그러나 둘의 관계는 예상치 못한 상황을 맞이하게 되었다. 처음에는 서로를 알아가며, 모든 것이 순조롭게 흘러가는 것처럼 보였다. 하지만 사랑은 늘 그렇듯 한순간에 다른 모습을 보이기 시작했다.

너는 그녀가 원하는 것이 무엇인지 알지 못했으며, 어떤 감정을 품고 있는지 확신할 수 없었다. 그때 너는 불안과 두려움을 느꼈다. 네 마음속에서는 사랑이란 감정이 커져만 갔지만, 그와 함께 불안함도 커졌다. 그녀의 반응이 예전 같지 않게 느껴지기 시작했고, 그녀는 끊임없이 널 의심했다. 내가 그녀를 정말로 이해하고 있는 것일까?, 내가 사랑한다고 느끼는 것만큼 그녀도 나를 사랑하는 걸까? 그 의문은 점점 너의 마음속에 깊이 박혔다.

사랑이란 때로 사람을 가장 연약한 존재로 만들 수 있다는 것을 깨달았다. 너는 그녀를 사랑하는 마음으로 가득했지만, 그 사랑이 끝없이 불안정하고, 불확실하게 느껴졌다. 그 불안 속에서 너는 무력해졌고, 그로 인해 스스로 점점 더 의심하게 되었다. 너의 자신을 돌이켜보면 마치 비틀거리는 아이처럼 사랑의 무게를 버텨내고 있었다. 그녀의 말 한마디에, 행동 하나에 네 마음은 흔들리고 그 안에서 점점 더 연약한 모습을 보였다.

그런 그녀의 모습을 받아들이는 데는 시간이 필요했다. 사랑을 한다는 것은 그만큼 내면의 연약한 부분을 드러낸다는 뜻이다. 네가 가진 불안, 두려움, 그리고 상처들이 사랑이라는 감정 속에서 하나하나 드러나기 시작했다. 너는 연약함이 결코 부끄러운 것이 아니라는 사실을 알게 되었다. 왜냐하면 사랑이라는 감정 속에서 사람들은 자신을 완전히 드러내고, 때로는 모든 불안과 두려움을 마주해야 하기 때문이다.

  사랑은 고통과 아픔을 동반하는 감정이지만, 그 속에서 우리는 더 나은 사람으로 성장할 수 있다. 연약함 속에서 우리는 자신의 한계를 알게 되고, 그 한계를 넘어서려는 의지를 얻는다. 너는 느꼈다. 사랑의 진정한 강함은 바로 그 연약함 속에 숨어 있다는 것을. 우리가 얼마나 아프고, 힘들어도 결국 사랑은 그 속에서 우리가 성장할 수 있는 기회를 제공한다. 사랑은 단순히 두 사람의 감정이 아니라, 서로를 통해 더 나은 사람이 되어가는 과정이기도 하다.

  사랑을 잃고 나서야 너는 깨달았다. 너는 그 사랑 속에서 자신을 발견했다. 그 연약함 속에서 진정한 강인함을 배웠기 때문이다. 이제 너는 사랑이란, 우리가 생각한 것처럼 단단한 것만으로 이뤄지는 것이 아니라 그 속에서 우리 자신을 받아들이고, 그 연약함 속에서 강해지는 것이라는 것을 알게 되었다. 사랑은 그 자체로 연약함과 강인함을 동시에 담고 있다. 사랑이 주는 고통은 때로 아프지만, 그 속에서 우리는 더 강한 사람이 된다. *

물안개 속에 숨겨진 내 마음의 풍경

◇

물안개가 자욱한 아침,
나는 흐릿한 시선 너머로 내 마음을 들여다보았다.
말하지 못한 감정들, 숨겨진 진심들이
안개 속에서 조용히 떠다녔다.
사랑은 때론 뚜렷하지 않아 더 진실 된다.

언젠가 바닷가에 선 적이 있다. 발끝에 닿는 잔잔한 물결, 하늘빛을 머금은 투명한 파도 속을 유영하던 해파리 하나가 눈에 들어왔다. 그것은 마치 아무것도 하지 않는 것처럼, 그러나 결코 멈춰 있지 않은 모습으로 천천히 흔들리고 있었다. 그 고요하게 울리는 진동은 어떤 언어보다 분명하게 지금 여기에 존재하고 있음을 말해주고 있었다. 그 순간, 너는 문득 사랑이라는 감정도 저 해파리처럼 조용한 흔들림을 통해 자신을 드러내는 것이 아닐까, 하는 생각에 사로잡혔다.

그즈음 너는 한 여자를 깊이 좋아하고 있었다. 그녀는 특별한 사람이었다. 말투, 걸음걸이, 무심히 던지는 한마디마저도 너의 마음을 어지럽혔다. 하지만 그것이 단순한 호감인지, 사랑인지 너는 알 수 없었다. 그녀와 마주 앉아 이야기를 나눌 때면, 너의 감정은 출렁이는 파도처럼 일정치 않았다. 그녀의 웃음 한 조각, 눈길 하나, 그리고 아무렇지 않게 흘리는 한숨조차도 너를 흔들리게 했다. 사랑이라는 건 그런 것일까? 손에 잡히지 않고, 이름 붙이기 어려운, 그러나 분명히 존재하는 감정이다.

 그 흔들림은 너의 하루를 조용히 지배해갔다. 그녀와 보낸 짧은 대화, 문득 스쳐 가는 향기, 그녀 없는 순간의 공허함까지도 모두 감정의 파문이 되어 네 안에서 잔물결을 일으켰다. 너는 계속해서 스스로에게 물었다. 이게 사랑일까? 아니면 그냥 지나가는 감정일 뿐일까? 하지만 너의 그 질문 자체가 이미 하나의 대답이 되고 있었다. 그렇게 오래도록 흔들리고 있다는 사실이 너의 마음이 얼마나 깊이 그녀에게 머물고 있는지를 말해주고 있었기 때문이다.

 어느 날, 너희는 캠퍼스 근처의 작은 카페에서 마주 앉아 있었다. 그녀는 창가에 앉아 햇빛을 눈가로 받아내며 무언가를 생각하고 있었고, 너는 그 모습이 사랑스럽다고 느꼈다. 커피잔을 들고 있던 그녀의 손끝이 미세하게 떨리는 것을 보고, 너는 자신도 모르게 웃음이 나왔다.
 -왜 웃어요?
 그녀가 물었다.
 -당신이 모든 걸 그렇게 진지하게 바라보는 게 좋아서요.
 그녀는 수줍게 고개를 돌렸고, 너는 그 순간 깨달았다. 너의 감정은 더 이상 흐릿한 것이 아니었다. 그녀의 존재는 너의 마음 전체를 조용히, 그러나 깊숙이 흔들어놓고 있었다. 말로는 설명할 수 없는 무엇이 너를 끌고 있었고, 그 감정은 의심이 아닌 확신에 가까워지고 있었다.

 하지만 그녀는 항상 가까우면서도 멀었다. 어느 날은 너에게 기대어 미소 지었고, 또 다른 날엔 너의 말을 흘려보내듯 대했다. 그녀의 그 모호한 태도는 너를 더 깊은 혼란 속으로 밀어 넣었다. 그러나 그 모호함 속에서조차 너는 그녀를 더 강하게 느끼고 있었다. 사랑이란 어쩌면 그런 흔들림 속에서 자라는 감정일지도 모른다. 확신이 없기에 더 간절하고, 이름 붙일 수 없기에 더 진실한.

 결국 그녀는 해외로 떠나겠다는 결심을 전했다. 너는 그녀를 붙잡지 않았다. 마지막 날, 너희는 다시 그 카페 창가에 앉았다. 그녀는 창밖을 바라보았고, 너는 아무 말 없이 그녀를 바라보았다. 긴 대화는 없었다. 다만, 그 고요 속에 너는 수많은 기억을 떠올리고 있었다. 함께 걷던 길, 나눴던 대화, 웃음과 침묵, 그리고 무엇보다도, 마음속에서 일렁이던 수많은 흔들림까지.

 그 순간 너는 알았다. 사랑은 결코 크고 거창한 사건으로만 증명되는 것이 아님을. 사랑은 해파리처럼 물결 속에서 조용히 흔들리며 존재를 드러내는 감정이었다. 그것은 언젠가 스쳐 간 사람이 남긴 잔향처럼 아주 오래도록 마음속에 머문다.

 그녀가 떠난 뒤에도 너는 어쩌다 그녀를 떠올렸다. 문득 찾아오는 따스한 기억들 속에서 가슴이 아린 동시에 미묘한 웃음이 번졌다. 그 모든 것 흔들림은 너의 감정이 진짜였다는 증거였고, 사랑은 그렇게, 잊히지 않는 진동으로 남아 있었다. 사랑이란 결국 흔들림을 통해 비로소 자신의 존재를 증명하는 감정인지도 모른다.

　그래서 너는 지금도 믿는다. 손에 잡히지 않지만 마음속 깊은 곳에서 느껴지는 그 잔잔한 파동이야말로 사랑의 본질이라고. ✱

모래 위에 새겨진 지난 시간의 흔적

◇

지나간 계절의 발자국이
모래 위에 조용히 남아 있었다.
시간은 덮어도 지울 수 없다는 걸
나는 그 자리에 서서 깨달았다.
사랑도, 상처도 결국은 흔적으로 남는다.

그녀는 꿈 이야기를 많이 했다. 어릴 적부터 자주 꿈을 꿨으며 그 꿈은 늘 생생했다고 했다. 어떤 날은 자신이 새가 되어 하늘을 날았고, 또 어떤 날은 깊은 바닷속을 유영하는 존재가 되었다고. 너는 그녀가 들려주는 그 몽환적인 이야기들이 좋았다. 마치 현실보다 더 현실 같은, 그러나 닿을 수 없는 세계를 기웃거리는 느낌. 그녀는 꿈을 통해 살아 있었다.

하루는 그녀가 네게 물었다.
-꿈을 먹는 해파리를 본 적 있어?
처음엔 무슨 말인지 몰랐다. 그런 존재가 실재하는지조차 알 수 없었지만, 그녀는 진지한 얼굴로 설명을 이어갔다. 바다 어딘가, 아주 깊고 고요한 곳에 살아가는 해파리가 사람들의 꿈을 먹고 자라며, 그 꿈의 조각들이 몸을 이루고 있다고. 그녀는 그것을 마치 진짜 본 것처럼 이야기했다. 너는 웃었지만 그녀의 눈은 웃지 않고 있었다. 그녀는 자신이 꾸는 꿈이 언젠가는 그 해파리에게 삼켜질 것 같다고 말했다.

그녀는 현실에 불편함을 느끼는 사람이었다. 사람들과 어울리는 것도 규칙적인 생활도 버거워했다. 세상은 그녀를 재촉했고 그녀는 언제나 그 리듬에 뒤처져 있었다. 그런 그녀가 견딜 수 있었던 건 오직 꿈 때문이었다. 꿈속에서 그녀는 자신이 원하는 무엇이든 될 수 있었고, 그곳에서는 누구에게도 설명하지 않아도 괜찮았다.

어느 날 그녀는 아주 피곤한 얼굴로 너에게 말했다.
-요즘은 꿈도 지쳐 있어.
그 말이 마음에 걸렸다. 현실이 그녀의 꿈까지 삼켜버린 걸까. 그녀가 다시 생생한 꿈을 꾸었으면 좋겠다고 생각했다. 하지만 그녀는 점점 말수가 줄었고, 가끔은 눈을 감고 한참을 멍하니 있었다. 그녀는 자신 안에 있던 무언가가 서서히 사라지는 걸 느끼고 있는 듯했다.

너는 그녀에게 무엇을 해줄 수 있을지 몰랐다. 같이 바다를 보러 가자고 했고, 조용한 음악을 함께 들으며 시간을 보내기도 했다. 그녀는 미소를 지었지만, 그 미소엔 예전의 반짝임이 없었다. 꿈을 먹는 해파리가 정말 있다면, 지금 이 순간에도 그녀의 꿈을 하나씩 삼키고 있을지 모른다는 생각이 들었다. 그녀의 맑았던 눈빛, 생생한 상상력, 그 자유로운 말들. 하나하나가 사라져 가고 있었다.

그녀는 어느 날 밤, 긴 문자를 남겼다. 꿈에 대해, 해파리에 대해, 그리고 나에 대해.

-네가 있어서 좋았어. 내가 꿈을 이야기할 수 있는 사람, 그게 나를 살게 했던 것 같아. 이제는 조금 더 쉬고 싶어.

그 메시지는 짧았지만 무거웠다. 너는 곧장 그녀를 찾아갔고, 다행히 그녀는 온전했다. 그러나 그녀의 눈빛은 예전과 달라져 있었다. 그 눈빛은 깊은 바다처럼 조용하고, 멀고, 낯설었다.

그 이후로 그녀는 더 이상 꿈 이야기를 하지 않았다. 마치 그 해파리가 그녀 안의 모든 꿈을 먹어 치운 것처럼. 그녀는 여전히 웃었고, 예전보다 조금 더 현실을 살아내려 애썼지만 너는 알고 있었다. 그녀 안의 어떤 빛이 꺼져버렸다는 걸.

너는 지금도 가끔 그녀를 생각한다. 그녀가 꿨던 꿈들, 그 몽환적이고 아름다웠던 이야기들. 꿈속에서 날아다니던 그녀, 바다를 떠다니던 그녀. 그녀는 누구보다 자유로웠고 누구보다 여렸다. 현실이 견딜 수 없을 만큼 무거웠던 그녀에게 꿈은 마지막 숨구멍이었다.

이제는 혼자 바다에 가면 그 해파리를 떠올린다. 투명하고 유영하는 그 존재가 어디선가 누군가의 꿈을 먹고 있을지도 모른다. 그 꿈들은 사라지는 게 아니라 해파리의 몸에 남아 조용히 빛나고 있는 것일지도. 그녀의 꿈 역시 어딘가에서 아직 떠다니고 있을 것이다. 완전히 사라지지 않고, 누군가의 기억 속에서 조용히 반짝이며. *

바다를 닮은 나의 이야기

◇

바다는 언제나 나를 비추는 거울 같았다.
변화무쌍하지만 본질은 흐리지 않는 그 모습처럼
나 또한 시령 속에서 흔들리면서도
조금씩 나를 닮아가는 이야기를 써 내려갔다.
이 이야기는, 결국 나의 바다에 대한 고백이다.

한여름 오후, 바닷가에서 해파리를 본 적이 있다. 햇살을 머금은 물결 위를 유유히 떠다니던 그것은 투명하고 흐릿한 형태로 너를 유혹했다. 손을 뻗으면 닿을 듯 가까워졌지만, 막상 잡으려 하면 어느새 멀어져 있었다. 너는 그 순간 그녀를 떠올렸다. 아무리 애써도 닿지 않는 마음, 잡으려 할수록 더 멀어지는 감정. 그녀는 너에게 그런 존재였다.

처음 만났을 때, 그녀는 조용히 웃고 있었다. 그 미소엔 경계심도, 기대도 함께 담겨 있었다. 너는 그 미소를 오랫동안 기억한다. 마치 바다 위로 스치는 바람처럼 따뜻하면서도 붙잡히지 않는 인상이었다. 우리는 자주 마주 앉아 이야기를 나누었고, 그녀는 자기 이야기를 천천히, 조심스럽게 꺼냈다. 너는 그녀의 이야기를 들으며 조금씩 다가가려 했지만, 그녀는 늘 한 발짝 앞에서 걸음을 멈추었다. 가까워졌다고 생각할 때마다 그녀는 다시 자신의 세계로 물러나 있었다.

한 번은 노을이 지는 길을 나란히 걷고 있었다.
그날 그녀는 발을 멈추고 하늘을 올려다보며 말했다.
-가끔은 내가 뭘 원하는지도 모르겠어.
그 말은 무심하게 들렸지만, 나에겐 깊은 파문을 남겼다. 그녀가 마음의 문을 조금 연 건지, 아니면 애써 열지 않으려는 건지 알 수 없었다. 너는 그 말속에서 무엇인가를 찾으려 애썼다. 하지만 그녀는 늘 모호한 말들로 너를 혼란스럽게 했다. 따뜻하지만 닿을 수 없는 거리. 그녀는 마음을 보여주는 동시에 숨기고 있었고, 너는 끝내 그 경계를 넘지 못했다.

너는 그녀에게 잘해주고 싶었다. 작은 선물을 준비하고, 그녀가 좋아한다고 말했던 장소로 함께 가기도 했다. 그녀는 웃으며 고맙다고 했지만, 그 웃음 속에는 늘 멀어지는 그림자가 함께 있었다. 그녀가 마음을 여는 순간을 기다렸지만, 그 문은 완전히 열리지 않았다. 한 걸음 다가갈 때마다, 그녀는 조용히 반걸음 물러나 있었다.

바닷가에 함께 앉아 있었던 날이 있다. 그녀는 말없이 바다를 바라보다가 네가 묻자, 고개를 돌려 이렇게 말했다.
-내 마음은 나도 잘 모르겠어. 잡으려 할수록 더 멀어지는 것 같아.
그녀의 말은 너 안에서 오랫동안 울렸다. 그때야 깨달았다. 그녀의 마음은 해파리처럼 유연하고 투명했다. 존재하지만, 손에 닿지 않는 마음. 너는 그녀를 온전히 이해하거나 소유할 수 없는 사람이었다.

그 후로도 둘은 몇 번이고 만났다 헤어지기를 반복했다. 너는 그녀가 보여주는 작은 기쁨의 조각들에 기대를 품었고, 그 기대가 무너질 때마다 실망했다. 그러나 점차 너는 그녀의 마음을 잡으려는 대신, 함께 있는 순간 자체를 받아들이는 법을 배워갔다. 사랑은 소유가 아니라 공유라는 것을, 그녀를 통해 알게 되었다.

마침내 너희는 서로의 길을 걸어가게 되었다. 헤어짐은 갑작스럽지 않았지만, 조용히 흘러내린 파도처럼 자연스러웠다. 그녀는 더 이상 설명하지 않았다. 너 역시 묻지 않았다. 둘이 함께한 시간이 사랑이었다는 것을 부정하지 않으려는 마지막 배려처럼 느껴졌다.

너는 이제 그녀를 떠올리며 미소 짓는다. 해파리처럼 다가갈수록 멀어졌던 그녀. 하지만 그 투명한 마음이 너에게 가르쳐 준 감정은 오히려 더 깊고 단단하게 남았다. 잡으려 애쓸 때는 몰랐던 사랑의 진실, 사랑은 붙잡는 것이 아니라 조용히 바라보는 것. 그 흔들리는 감정을 함께 느끼며 존재를 인정하는 일이다. ✱

Jellyfish

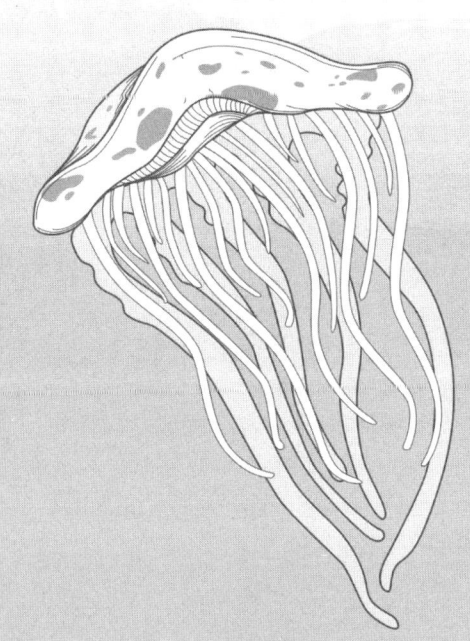

| 2장 |

함께 걸었던 그 계절

사랑은
갑작스레 휘몰아치는 파도처럼
우리 사이를 흔들었다

흘러가기도, 버텨보기도 했지
떠내려가지 않기 위해 조심스레 떴던 날들

서로를 밀고 당기며
우리는 마침내 더 깊은 사랑 속으로 잠겨갔다

파도는 언제나 말을 걸었다

◇

네가 없는 날에도, 바다는 멈추지 않았다.
파도는 매일 같이 말을 걸어왔고
나는 그 속에서 너의 흔적을 더듬었다.
아무 대답도 없었지만,
그 조용한 반복이 오히려 위로였다.

사랑은 언제나 예고 없이 시작된다. 평온했던 너의 일상에 그녀는 갑작스러운 첫 파도처럼 밀려왔다. 너는 준비되지 않은 채, 그 출렁임에 온몸을 맡겼다.

그날은 가을 오후였다. 바람은 적당했고 햇살은 부드러웠다. 친구의 초대로 작은 모임에 갔는데 어색한 인사를 나누며 자리에 앉던 그 순간, 너의 시선이 한 사람에게 멈췄다. 그녀였다.

멀리 소파에 앉은 그녀는 차를 들고 있었고, 햇빛이 비친 잔 머리카락 너머로 미소를 지었다. 너의 심장이 가볍게 울렸다. 소음이 사라지고, 시간마저 느리게 흘렀다.

-안녕하세요?

그녀가 먼저 말을 건넸다. 그 목소리는 조용한 파도처럼 잔잔하고 따뜻했다. 너는 조금 당황했고 그녀의 눈빛을 보며 입꼬리를 올렸다. 낯선 자리에 퍼진 그녀의 목소리는 유일하게 편안함을 안겨주었다. 가벼운 웃음과 공감, 그리고 알 수 없는 이끌림.

모임이 끝나갈 무렵, 너는 용기를 냈다.
-다음 주말에 커피 한잔하실래요?
그녀는 쫣게 고민하더니 고개를 끄덕였다.
-좋아요.
그 짧은 대답이 마음속에서 파도처럼 부서졌다. 그날 밤, 너는 그녀의 눈빛과 웃음을 떠올리며 잠들었다.

며칠 뒤, 너희는 작은 카페에서 다시 만났다. 창가에 나란히 앉아 대화를 나눴다. 그녀의 말투, 손짓, 그리고 침묵까지도 너를 끌어당겼다. 대화는 잔잔하다가도 불쑥 깊어졌고, 너는 점점 그녀에게 빠져들었다. 무언가 잘 맞는 느낌. 우연이라고 하기엔 이상하게 맞물리는 타이밍과 기분이었다.

그녀는 말했다.
-처음 봤을 때, 뭔가 특별하다는 생각이 들었어요. 이상하게 편했거든요.
그 말에 너는 조금 안도했다. 혼자만의 착각이 아니었구나 하면서. 두 사람은 같은 파도에 휩쓸리고 있었다. 그 유영이 어디로 향하는지는 알 수 없었지만 방향은 같았다.

사랑의 시작은 조심스럽지만 동시에 강렬하다. 마치 잔잔한 바다에 밀려든 갑작스러운 파도처럼. 그녀와의 첫 만남은 그렇게 너의 일상을 흔들었다. 익숙했던 리듬이 깨졌고 새로운 리듬이 시작되었다.

  그녀와 보내는 시간은 짧지만 깊었다. 너는 점점 그녀에게 익숙해졌고, 그녀의 말투와 걸음걸이, 취향을 기억하게 되었다. 설레는 감정이 몸에 스며들었다.

  사랑은 선택이고 감정은 흐름이다. 너희는 그날의 첫 만남을 피하지 않고 받아들였다. 그것이 시작이었다. 특별한 날이 아니었는데도, 그날은 네 인생에서 지워지지 않을 장면이 되었다.
  그녀가 준 떨림은 아직도 마음속에 남아 있다. 처음의 출렁임은 어느새 너 안에 깊은 물결로 자리 잡았다.

  사랑은 해파리처럼 유려하고 낯설다. 출렁이는 파도 속에서 만난 그녀는 너를 새로운 바다로 이끌었다. 그 여정의 끝이 어딘지는 알 수 없지만, 너는 기꺼이 그 물결을 따라 나아가기로 했다. ✽

내 상처는 푸른 물빛을 띠었다

◇

햇빛에 비친 바닷물은 아프도록 맑았다.
그 투명한 빛 속에서,
내 마음 깊이 감춰두었던 상처들이 떠올랐다.
상처마저 아름다울 수 있다면,
그긴 아마 사랑 때문일 것이다.

사랑에 빠진다는 건, 마치 거대한 물살에 몸을 맡기는 것과 같다. 처음엔 조심스럽게 발끝만 담갔다가 어느 순간 전부 휩쓸려버린다. 어디로 가는지도 모른 채 밀려가지만, 그 혼란 속에서 묘하게 자유롭다. 너 역시 그런 흐름 속에 있었던 적이 있다.

그녀를 처음 만난 건 친구들과 떠난 짧은 여행에서였다. 소란한 도시를 벗어나 조용한 바닷가에서 보낸 며칠, 너는 예상하지 못한 파도와 마주했다. 그녀는 처음부터 눈에 띄는 사람은 아니었다. 말수가 적고, 조용히 웃는 모습이 오히려 평범해 보였다. 하지만 바로 그 조용함이 너를 끌어당겼다. 설명할 수 없는 끌림이었다. 가까이서 보고 싶었고, 더 알고 싶다는 생각이 들었다.

여행 마지막 날, 너와 그녀는 붉게 물든 바닷가를 함께 걷게 되었다. 밀려오는 파도 소리와 노을빛이 감도는 해변, 자연스럽게 둘만의 대화가 시작되었다.

-바다 참 좋죠?

그녀가 먼저 입을 열었다.

-이렇게 끝없이 흐르고, 다 받아들이는 모습이요….

그녀의 눈은 바다 너머 어딘가를 보고 있었다. 단순한 풍경 얘기 같지 않았다.

-그럼 당신은 어떤 사람인가요? 바다처럼 모든 걸 받아들이는 사람인가요?

너의 물음에 그녀는 웃으며 고개를 저었다.

-아뇨, 저도 힘든 건 힘들다고 말해요. 다만 모든 걸 통제하려 애쓰진 않아요. 가끔은 그냥 흘러가게 두는 게 나을 때도 있거든요.

그날 이후, 너는 점점 그녀에게 물들어갔다. 함께하는 시간이 쌓일수록, 너는 네 안의 무언가가 달라지고 있음을 느꼈다. 그녀는 예측할 수 없었고, 그래서 더 매력적이었다. 웃고, 다투고, 다시 웃는 과정에서 너는 점점 이전과는 다른 사람이 되어갔다.

어느 날, 두 사람은 큰 다툼을 겪었다. 작은 오해에서 시작된 말이 꼬이고 감정이 엇나갔다. 너는 빠르게 문제를 해결하고 싶어 했지만, 그녀는 잠시 거리를 두자고 했다.

-지금은 조금 생각하고 싶어요.

그녀의 말에 너는 당황했고 속이 타들어 갔다. 흐름에 맡기라는 말이 이토록 어려울 줄은 몰랐다. 해결책이 없는 상태는 너에게 무력감 그 자체였다.

하지만 너는 기다렸다. 그녀의 리듬에 맞춰보려 애썼다. 그리고 며칠 뒤, 그녀는 조용히 연락을 해왔다.
-미안해요. 너무 마음을 닫았어요.
그 말 한마디가, 마치 거센 물살이 잔잔한 물결로 바뀌는 순간 같았다. 두 사람은 다시 이야기했고 오해는 풀렸다.

사랑은 모든 걸 통제하려는 게 아니라 때로는 흐름에 맡기는 용기라는 것. 하지만 모든 사랑이 끝까지 이어지진 않는다. 결국 두 사람은 각자의 길을 선택했다. 너는 두려웠지만 그녀는 담담하게 말했다.
-우리의 사랑도 흐름의 일부였던 것 같아요. 이 시간이 소중했으니 여기서 멈춰도 후회하지 않을 거예요.
그 말은 잔잔한 파도처럼 오래도록 마음에 남았다.

그 후로도 너는 가끔 그녀를 떠올린다. 그녀는 너에게 사랑이란 무엇인지, 흘러가는 삶을 어떻게 마주해야 하는지를 가르쳐 준 사람이었다. 잡으려 하면 멀어지고, 힘을 빼면 가까워지는 것. 사랑은 그렇게 묘한 흐름 속에 존재한다.

지금도 너는 기다린다. 또 다른 파도가 네게 다가오기를. 어디로 흐를지 알 수 없어도, 이제는 두렵지 않다. 너는 흐름을 믿게 되었으니까. 그녀가 너에게 알려준 것처럼. *

바닷물 속에 너의 기억이 잠겨 있었다

◇

넌 아무 말 없이 떠났고,
나는 넘실거리는 감정 위에서
자꾸만 중심을 잃었다.
넘어지지 않기 위해 배웠던 건,
흔들림마저 품는 사랑의 자세였다.

사랑은 때로 우리가 예측하지 못한 순간에 방향을 튼다. 잔잔히 흐르던 바닷물이 문득 거세게 휘돌듯, 마음도 어느 날 갑자기 낯선 길로 접어든다. 그 변화는 때로 설렘이고 때로는 혼란이다. 너는 한때 그 둘을 동시에 경험한 적이 있었다.

그녀를 처음 만난 건 특별할 것 없는 평일 오후였다. 함께 투입된 프로젝트 속에서 자연스레 많은 시간을 보내게 되었고, 둘의 관계는 오직 '동료'라는 이름 아래 있었다. 그녀는 일에 성실하고 사람들에게 따뜻했으며, 늘 차분한 사람이었다. 처음엔 단지 함께 일하기 좋은 사람이라 여겼다. 그런데 어느 순간부터 그녀를 향한 감정이 이상하게 자라나고 있음을 느꼈다.

그럼에도 너는 그 감정을 애써 눌렀다. 선을 넘지 말아야 한다고, 일과 감정을 혼동해선 안 된다고 자신을 설득했다. 하지만 사랑은 애초에 계산으로 조정할 수 있는 것이 아니었다.

어느 늦은 저녁, 프로젝트가 끝나고 팀 회식이 있었다. 분위기는 느슨했고, 술이 돌면서 너와 그녀는 자연스레 같은 자리에 앉게 되었다. 너희 둘만의 대화가 시작되었을 때, 그녀의 눈빛엔 평소와 다른 온기가 담겨 있었다.
-사실, 당신 덕분에 이번 프로젝트가 훨씬 즐거웠어요.
그 말 한마디가 가슴을 쿵 하고 두드렸다. 너만의 감정이라 믿었던 마음이, 사실은 그녀의 마음이기도 했다는 사실이 불쑥 다가왔다.

그날 이후, 너희 사이엔 묘한 기류가 생겼다. 말 한마디, 눈빛 하나에도 떨림이 섞여 들었고, 평범했던 일상조차 다르게 느껴졌다. 하지만 너는 기뻤던 만큼 두렵기도 했다. 감정이 겉으로 드러나면 직장의 분위기가 복잡해질 수 있다는 걸 잘 알고 있었기 때문이다. 이 관계를 어디까지 끌고 갈 수 있을지, 너는 전혀 알 수 없었다.

며칠 뒤, 그녀가 카페에서 만나자고 했다. 눈빛은 망설임과 결심 사이에서 흔들리고 있었다.
-우리는… 어떻게 해야 할까요?
그 질문은 네가 수없이 스스로에게 던졌던 말이기도 했다. 너는 잠시 침묵하다가, 조심스럽게 입을 열었다.
-나도 잘 모르겠어요. 다만… 당신을 생각하면 자꾸 웃게 돼요.
그녀는 그 말을 듣고 한참을 바라보더니, 고개를 끄덕이며 말했다.

-그러면 지금은, 그걸로 충분하지 않을까요?

그날 이후 너는 조금씩 생각을 바꿔갔다. 사랑이란 정답을 찾아가는 문제가 아니라, 그 흐름 자체를 받아들이는 여정이라는 걸 깨달았다. 함께한다면 어느 방향으로 틀어도 괜찮을 거라는 믿음이 생겼다.

하지만 사랑의 방향 전환은 거기서 멈추지 않았다. 얼마 지나지 않아 그녀에게 큰 기회가 생겼다. 해외 근무 제안이었다. 전혀 예상하지 못했던 변수였다.
-나는… 당신과 있고 싶어요. 하지만 이 기회를 놓치고 싶지 않아요.
그녀의 말은 단호했지만, 눈빛은 아팠다. 너는 결국 그녀의 선택을 존중했다. 사랑은 또 다른 방향으로 나아갔다. 떨어져 있었지만, 마음만은 곁에 있는 듯했다. 그러나 현실은 그렇게 간단하지 않았다. 거리는 마음을 잠식했고, 결국 두 사람은 조용히 서로를 놓았다.

지금도 너는 가끔 그녀를 떠올린다. 그 짧았지만, 아름다웠던 전환의 순간들을. 그리고 감사한다. 모든 방향 전환이 지금의 너를 만들었다는 것을. 사랑은 정해진 길이 아니라, 방향을 잃고 나서야 진짜 나를 만나게 되는 여정이다. 그리고 다음번, 또 한 번 흐름이 바뀔 때, 너는 조금 더 부드럽게, 조금 더 용기 있게 그것을 받아들일 수 있을 것이다. *

나는 물결 위를 걷는 법을 배워야 했다

넌 아무 말 없이 떠났고,
나는 넘실거리는 감정 위에서
자꾸만 중심을 잃었다.
넘어지지 않기 위해 배웠던 건,
흔들림마저 품는 사랑의 자세였다.

해파리는 파도 속에서도 유려하게 몸을 맡긴다. 마치 바다의 리듬에 춤추듯, 밀려오는 흐름을 타며 균형을 유지한다. 너무 앞으로 나아가도, 뒤로 물러서도 안 된다. 적당한 거리, 적절한 힘으로 물살을 가를 때만 비로소 조화가 이루어진다.

사랑도 그렇게 흐를 수 있다면 얼마나 좋을까.

너의 사랑도 해파리처럼 시작되었다. 투명하고 부드러우며, 보기엔 완벽해 보였다. 그녀와 함께하는 매 순간이 너를 행복하게 만들었고, 너는 그 행복이 오래 이어지길 바랐다. 그러나 마음 한구석에는 늘 작고 낯선 두려움이 자리하고 있었다. 관계가 깊어질수록 어디까지 나아가야 하는지, 어디쯤에서 멈춰야 하는지 알 수 없었기 때문이다.

어느 여름밤, 너는 그 감정의 실마리를 마주했다. 둘은 제주 시내의 탑동 해변을 따라 천천히 걷고 있었다. 시원한 바닷바람과 파도 소리, 젊은 관광객들의 웃음소리가 섞인 그 길 위에서, 그녀는 자신이 좋아하는 것들과 싫어하는 것들, 그리고 미래에 하고 싶은 일들을 천천히 이야기했다.

너는 그녀의 모든 말을 온 마음으로 들었다. 그 순간, 너는 그녀가 자신에게 얼마나 소중한 사람인지 다시금 깨달았다. 그런데 대화의 마지막, 그녀가 조심스럽게 꺼낸 말 한마디가 너를 멈춰 세웠다.
-넌 항상 나한테 맞춰주는 것 같아. 네가 진짜 원하는 게 뭔지 잘 모르겠어.

순간, 너는 말문이 막혔다. 그녀의 말은 아팠지만 정확했다. 너는 그녀와의 관계 속에서 자신을 지우고 있었다. 그녀를 기쁘게 하고 싶은 마음이 컸던 나머지, 너는 너 자신의 욕구와 감정을 뒤로 미뤘다. 그것은 사랑이라는 이름 아래, 자신의 자리를 포기하는 일이었다.

너는 해파리를 떠올렸다. 해파리는 거센 바람과 높은 파도 앞에서도 움츠리지 않는다. 흐름을 거스르지 않고 자신만의 리듬으로 유영할 뿐이다. 바다에서의 균형은 서로를 향한 신뢰와 자신을 지키는 감각에서 비롯된다. 사랑도 다르지 않았다. 서로를 위해 노력하는 것만큼, 자기 자신을 지키는 것도 필요하다는 걸.

그 후 어느 날, 너는 그녀에게 솔직하게 말했다.

-나는 항상 네가 좋아하는 방향으로만 가려고 했던 것 같아. 그런데 이제는 나도 내가 원하는 길을 찾아가고 싶어.

그녀는 놀란 듯 눈을 동그랗게 떴지만, 곧 고개를 천천히 끄덕였다.

-사실 나도 네가 자신을 더 많이 드러내길 바랐어. 그게 우리 사이에 필요한 균형이었나 봐.

그날 이후, 너희는 조금씩 달라졌다. 더 많이 말하고, 더 자주 솔직해졌다. 서로의 감정을 숨기지 않고 꺼내놓았고, 때로는 다투기도 했다. 그러나 그 모든 충돌은 결국 더 깊은 이해로 이어졌다.

너는 그녀와의 관계를 돌아보며 '균형'이라는 단어를 떠올렸다. 사랑은 해파리처럼 파도에 맞서지 않되, 중심을 잃지 않고 흘러야 하는 것이었다. 어느 한쪽으로만 기울면 결국 균형은 무너진다. 서로의 중심을 인식하고, 서로의 공간을 존중하는 일. 그것이 사랑의 유영이었다.

또 다른 여름날, 그녀가 말했다.

-우리, 많이 달라졌지?

너는 조용히 미소를 지으며 대답했다.

-응. 그런데 그 변화가 꼭 필요했어. 우리 둘 다 더 나은 방향으로 가고 있으니까.

그녀는 네 손을 꼭 잡았다. 그 따뜻한 온기 속에서 너는 확신했다. 사랑은 균형을 찾는 여정이고, 그 여정 속에서 너희는 서로를 조금 더 이해해 가는 중이라는 것을. *

그 여름은 끝나지 않을 것 같았다

◇

햇살에 젖은 너의 웃음,
파도처럼 밀려오던 설렘,
모든 게 영원할 것만 같았던 그 여름.
하지만 계절은 늘 지나가고
남은 건 뜨겁게 식은 마음뿐이었다.

바람이 몰아치던 어느 날을 기억한다. 애월읍 한담해변에서 보낸 오후였다. 하늘은 잿빛으로 내려앉았고, 바람은 파도를 거칠게 밀어 올렸다. 몸은 몇 번이고 휘청였지만, 발끝은 모래 속에 단단히 박혀 있었다. 처음엔 그저 바람을 이기려 애쓰며 몸을 버텼지만, 문득 그런 생각이 들었다. 이 흔들림 속에서 너는 오히려 스스로 더 선명하게 느끼고 있다고. 사랑도 그런 것 아닐까. 고요할 땐 느껴지지 않던 마음들이 거센 바람과 마주할 때 더 또렷해지는 것처럼.

너희의 관계는 처음엔 잔잔한 호수 같았다. 부드럽고 예측 가능했다. 서로를 깊이 들여다보려 하기보단 있는 그대로의 분위기에 취해 있었다. 하지만 시간이 지나면서 조금씩 균열이 생겼다. 말하지 않아도 이해할 줄 알았던 감정들이 엇나가기 시작했고, 다르다는 사실이 생각보다 자주 상처가 되었다. 너는 그럴 때마다 이 사랑이 흔들리고 있다는 느낌을 받았다.

하지만 이상하게도 쉽게 놓을 수는 없었다. 너는 그때부터 스스로에게 질문하기 시작했다. 나는 왜 그녀를 사랑하는가. 그리고 그 대답은 늘 같았다. 그녀는 너에게 바람 속의 등대 같았다. 멀리서도 빛나고, 거센 파도 속에서도 제 자리를 지키는 사람. 그런 사람을 어떻게 사랑하지 않을 수 있겠는가.

첫 싸움은 생각보다 사소한 문제에서 시작됐다. 서로 피곤했던 어느 날, 한마디 말이 오해로 이어졌고 그 오해는 곧 감정의 언덕을 넘으며 커졌다. 그녀의 눈가가 붉어지고 너는 당황했다. 사과의 말을 꺼내려 했지만, 이상하게 목소리가 나오지 않았다. 어색한 침묵만이 길게 흐르다, 그녀가 먼저 일어섰다.

그날 밤, 너는 홀로 바닷가로 나왔다. 파도는 잔인하리만치 거세게 밀려왔고, 바람은 마음을 가르듯 날카로웠다. 그런데 그때, 어둠 넘어 한쪽에 해파리 한 마리가 눈에 들어왔다. 파도에 이리저리 흔들리면서도 묘하게도 한 자리를 맴돌며 떠 있었다. 방향은 바뀌어도, 뿌리 없는 것처럼 보여도, 왠지 모르게 '흐트러지지 않는다'라는 느낌이 들었다.

그 해파리를 바라보며 너는 처음으로 사랑에 대해 다르게 생각했다. 사랑은 고요를 지키는 일이 아니라, 흔들리면서도 마음을 놓지 않는 것일지도 모르겠다. 세상은 바람을 멈춰주지 않는다. 중요한 건 그 안에서 얼마나 단단히 중심을 잡을 수 있느냐는 것.

다음날, 너는 그녀를 찾아가 조심스레 말했다.
-우리, 완벽하진 않아도 괜찮지 않을까. 중요한 건… 아직도 서로를 향하고 있다는 거니까.
그녀는 한참을 바라보다가 고개를 끄덕였다.
-응. 나도 그 말 하고 싶었어. 서로를 조금 더 믿어보고 싶어.

시간이 지나면서 너희는 조금씩 변해갔다. 싸움이 아예 사라진 건 아니었지만, 싸움 뒤의 복구는 빨라졌다. 예전 같았으면 며칠을 끌던 마음의 벽도, 이제는 짧은 대화 하나로 허물 수 있게 되었다. 그건 너와 그녀가 서로를 더 잘 알게 되어서가 아니라, 서로의 '다름'을 완전히 없애려 하지 않게 되었기 때문이었다.

너는 존 레논(John Winston Ono Lennon)과 오노 요코(小野洋子)를 떠올렸다. 그들 역시 흔들리는 사랑을 했다. 세상의 조롱과 편견, 바깥의 소음이 두 사람 사이를 끊임없이 흔들었지만, 그들은 그 안에서 서로의 손을 놓지 않았다. 이해보다도 먼저, 선택이 있었다. 흔들림 속에서도 '붙잡는 사람'이 되기로 한 선택으로.

어느 날, 그녀가 조용히 말했다.
-예전보다 우리가 조금 더 서로에게 익숙해졌나 봐.
너는 그 말에 고개를 끄덕였다.
-응. 익숙해졌다는 말, 이상하게 따뜻하게 들린다.

그녀는 웃었다. 그러고는 조용히 네 손을 잡았다.

사랑은 잔잔한 호수가 아니라, 바람이 지나가는 바다였다. 거기엔 파도도 있었고, 비도 있었다. 하지만 그런 날에도 너는 그녀를 놓지 않았다. 그리고 그녀도 마찬가지였다. 그런 사랑이라면, 꽤 오래갈 수 있을지도 모르겠다고 너는 생각했다. *

반짝임은 어디서 시작되었을까

◇

물결 위에서 부서지던 햇살,
너의 눈동자에 스친 미소,
우리 처음 마주 본 그 순간부터였을까.
작은 떨림 하나가 반짝임이 되어
내 마음 깊은 곳에서 파문을 일으켰다.

너는 바다를 좋아했다. 제주도에서 자란 너에게 바다는 언제나 곁에 있었고, 네 삶의 일부였다. 매일 보았지만 늘 새로웠고, 때론 거세게, 때론 잠잠히 말을 걸어오는 존재였다. 바다는 너에게 사람의 마음을 닮은 곳이었다. 겉으로는 잔잔해 보여도 그 깊은 속엔 복잡한 흐름이 늘 이어지고 있었다.

그녀와 처음 만난 날도 바다는 잔잔했다. 햇살이 부드럽게 내리쬐던 여름날, 맑은 하늘 아래 펼쳐진 평온한 수면처럼 조용하고 따뜻한 인상을 주는 사람이었다. 특별한 사건은 없었지만, 그날 그녀의 눈빛이 오래도록 기억에 남았다. 네가 아무렇지 않게 내뱉은 말에도 귀 기울이며 웃어주던 그 순간의 따뜻함이 파도처럼 너의 가슴에 스며들었다.

그 만남 이후, 너는 조금씩 그녀에게 빠져들었다. 천천히, 조용히. 너는 원래부터 급한 사랑을 하지 않았다. 사랑은 오래갈수록 좋은 것이라고 믿었다. 쉽게 뜨거워지는 감정보다는, 시간이 흐를수록 더 단단해지는 관계를 바랐다. 그래서 그녀와의 만남도 늘 일정한 속도를 유지했다. 자주 만나지 않아도 서로를 충분히 느낄 수 있었고, 말이 없어도 어색하지 않았다. 함께 있는 시간이 마치 잠잠한 바다를 보는 것처럼 편안했다.

이렇게 계속 있을 수 있겠시?
그녀가 그렇게 물었던 날이 있었다. 너는 대답 대신 바다를 바라보았다. 바람 한 점 없이 잔잔한 수면 위로 햇살이 반짝이고 있었다. 그 고요함 속에서 그녀의 목소리는 마치 파도에 실려 너에게 닿는 듯했다. 그 순간 너는 마음속으로 대답했다. 그래, 변하지 않기를 바라. 세상이 바뀌어도 이 감정만은 그대로이기를.

하지만 동시에 불안도 있었다. 사랑이 너무 잔잔하면 혹시 어느 날 조용히 사라지는 건 아닐까? 너는 가끔 바다 깊은 곳으로 천천히 가라앉는 배를 상상하곤 했다. 파도가 전혀 없으면 배는 어디로도 나아가지 못한다. 그렇게 사랑도 아무런 동요 없이 지속된다면, 정체되어 버리는 건 아닐까?

그런 생각이 머릿속을 스치곤 했지만, 그녀와 마주 앉아 있으면 어느새 그 불안은 사라졌다. 바다에는 언제나 보이지 않는 흐름이 있었다. 파도가 없다고 해서 움직임이 없는 건 아니었다. 사랑도 마찬가지였다. 겉으로는 고요해 보여도 마음 깊은 곳에선 서로를 향한 감정이 조용히 흐르고 있었다.

그녀는 가끔 너에게 말했다.
-너랑 있으면 이불 속에 들어온 것 같아. 포근하고, 편안해.
너는 그 말을 들을 때마다 웃었다. 그 말 한마디에 하루의 피로가 씻겨 나갔다. 그녀와의 관계는 격정적이지 않았지만, 안정적이고 평온했다. 너는 그게 참 좋았다. 오랜만에 만났을 때도 어제 본 것처럼 자연스러웠고, 함께 걷는 길은 언제나 익숙한 향기로 채워졌다.

사랑이란 꼭 크고 확실한 사건이 있어야 자라나는 것은 아니었다. 때로는 아무 일도 일어나지 않는 하루가 사랑을 더 깊게 만든다는 걸 너는 알게 되었다. 말없이 함께 걷는 산책길, 밤늦게 주고받는 짧은 안부 메시지, 그리고 각자의 일상에서 서로를 떠올리는 그 마음들이 너와 그녀 사이의 물결을 만들고 있었다.

하루는 그녀가 말했다.
-이렇게 오래가면 좋겠다.
너는 조용히 손을 내밀었다. 그녀의 손이 따뜻했다. 너는 느꼈다. 이 사랑은 더는 의심할 필요가 없다는걸.
사랑은 때때로 소리 없이 다가온다. 격렬하게 시작하지 않아도, 깊게 파고드는 감정은 오히려 조용한 마음속에서 만들어진다. 바다가 잔잔하다고 해서 의미가 없는 건 아니다. 그 잔잔함 속에 숱한 생명과 움직임이 존재하듯, 너와 그녀의 사랑도 말 없는 깊이 속에서 더 단단해지고 있었다. *

혼자 떠도는 별에 말을 걸다

◇

밤하늘에 떠 있는 별 하나,
그건 마치 나 같았다.
어디에도 닿지 못한 채 떠도는 마음으로
나는 조용히 속삭였다.
"괜찮아, 혼자여도 빛날 수 있어."

    너에게 사랑은 언제나 예고 없이 밀려오는 파도 같았다. 처음엔 조용히 다가오는 물결이었다. 금방 발목을 스치고 사라질 것 같았던 그 파도는 어느새 너의 무릎을 넘고 가슴까지 적시더니, 결국 온몸을 휘감았다. 감정은 그렇게 한순간에 밀려왔고, 너는 허둥지둥 휩쓸렸다. 사랑은 그렇게 시작되었다.

    너는 늘 사랑이 차분했으면 좋겠다고 생각했다. 물 흐르듯, 서로서로 자연스럽게 알아가고, 겁내지 않고 마음을 내어줄 수 있는 그런 사랑. 하지만 현실은 너의 바람과는 달랐다. 사랑은 예측 불가능한 감정이었고, 마음의 준비와는 상관없이 어느 날 불쑥 나타났다.

그녀와의 첫 만남을 떠올린다. 유난히 날씨가 맑았던 날, 너는 카페의 창가 자리에 앉아 있었고, 그녀는 창문 너머로 들어온 빛처럼 스며들었다. 특별한 것 없던 대화가 유난히 오래 남았고, 아무 의미 없던 웃음이 이상하게 따뜻했다.

그녀는 큰 파도가 아닌 그저 물잔에 고인 빛처럼 잔잔한 존재였다. 하지만 이상하게도 자꾸 마음이 기울었다. 눈길이 따라가고 말투에 귀를 기울이게 되었고, 어느새 너는 기다리고 있었다. 그녀의 말, 그녀의 표정, 그녀의 아무렇지 않은 관심. 그것들이 너에게 파도처럼 밀려들어 왔을 땐 이미 늦었다. 너는 빠져 있었고, 헤어 나올 수 없었다.

하지만 사랑의 파도는 한 방향으로만 흐르지 않았다. 함께하던 어느 날, 그녀의 표정이 이전과는 달라졌다는 걸 느꼈다. 말은 여전히 따뜻했지만, 말 사이의 간격이 길어졌고, 눈빛은 어딘가 멀어져 있었다. 너는 애써 그것을 무시하려 했다. 잠깐의 거리감일 뿐이라고, 바다에도 조용한 시기가 있는 것처럼, 이 순간도 지나가리라고 믿었다. 하지만 그녀는 점점 파도의 끝자락처럼 멀어지더니, 결국 너의 곁을 떠났다.

그녀는 설명하지 않았다. 감정을 정리할 시간조차 주지 않았다. 그래서 더 혼란스러웠고 더 아팠다. 너는 해변을 걸었다. 그녀와 함께 걷던 그 길을 같은 바람, 같은 파도, 같은 노을 속에서 다시 걸었다. 어쩌면 아직 그 자리에 사랑이 남아 있을지도 모른다는 희망 때문이었다. 하지만 파도는 늘 그래왔듯 아무 말 없이 발끝을 적시고는 물러갔다.

그날 밤, 너는 오래도록 바다를 바라봤다. 생각해 보면 처음부터

이 사랑은 늘 예고 없이 다가왔다. 그러니 끝도 예고 없이 찾아오는 게 당연했는지도 모른다. 그게 사랑이라는 감정의 본질이었다. 시작도 끝도 정확히 알 수 없고, 흐름도 방향도 통제할 수 없는 것. 너는 비로소 인정했다. 떠난 그녀를 원망하지 않았다. 그저 그 순간이 정말로 사랑이었다는 걸 믿고 싶었다.

네가 가장 좋아하던 기억 하나. 그녀와 함께 바닷가에서 밤하늘을 올려다보던 날. 조용한 밤이었다. 바다는 잔잔했고, 파도 소리는 속삭이듯 다가왔다. 그녀는 네 어깨에 기대었고, 말없이 하늘을 바라봤다. 네 마음은 그때 처음으로 고요했다. 그저 함께 있는 것만으로도 충분한 순간이었다. 그날 이후 너는 알고 있었다. 이 사랑은 언젠가 끝이 날 수도 있지만, 그 순간은 영원히 너의 일부로 남는다는 걸.

지금, 너는 또 다른 파도의 소리를 듣는다. 그 소리는 과거의 기억처럼 선명하지도, 새로움처럼 설레지도 않았다. 다만 그 파도에 휩쓸리기보다는 잠시 그 자리에 머물며 바라볼 수 있는 사람이 되었다. 사랑이 준 상처와 따뜻함이 너를 조금씩 바꾸어 놓았다. 사랑은 그렇게 흔적을 남기고 사람을 남긴다. 그녀는 떠났지만, 함께한 사랑은 여전히 너 안에서 살아 있다.

사랑은 예고 없이 찾아온다. 그리고 예고 없이 사라진다. 그 불확실함 속에서도 너는 사랑을 택했고, 그로 인해 무너졌지만, 동시에 조금 더 단단해졌다. 그리고 그 기억이 너를 앞으로도 다시 사랑하게 할 것이다. 비록 파도는 매번 다른 방향에서 밀려오겠지만, 너는 이제 그 파도를 피하지 않을 것이다. *

마음은 낮게, 조용히 부서졌다

◇

소리는 없었다.
무언가 부서지는 마음의 순간은
항상 조용하게, 낮게 스며들었다.
바람조차 알아채지 못한 그 감정이
내 안에서 천천히 조각이 되었다.

그녀를 처음 만난 그날, 바람에 이리지리 휘몰아치던 파도를 떠올렸다. 그녀는 마치 그 파도처럼 자유로워 보이면서도 속에 무언가 깊은 비밀을 간직한 듯했다. 그녀는 늘 파도를 사랑한다고 말했지만, 그 이유를 묻는 너에게는 웃으며 이렇게 말하곤 했다.
-파도는 나를 부수지 않아. 나를 움직이게 할 뿐이야.

시간이 흐르며 너는 그 말을 조금씩 이해하게 되었다. 너와 그녀의 관계는 잔잔하지 않았다. 파도처럼 일렁이는 순간들이 많았고, 때로는 거칠고 예측할 수 없는 날도 있었다. 그녀는 떠다니듯 충돌을 피했고, 너는 왜 그녀가 한곳에 머무르지 않는지 궁금했다. 하지만 그녀는 마치 해파리처럼 부서지지 않기 위해 부드럽게 살아가는 법을 아는 사람이었다.

그녀가 왜 그렇게 강해 보이는지 알기까지 긴 시간이 걸렸다. 그녀는 강한 사람이 아니었다. 오히려 그녀는 세상의 모든 부서질 위험 앞에서 부드럽게 움직이며 자신을 지키는 법을 배운 사람이었다. 그녀가 떠다니는 것은 도망치는 게 아니라, 자신을 보호하기 위해 선택한 삶의 방식이었다.

기억에 남는 하루, 바닷가에서 그녀에게 물었다.
-우린 왜 이렇게 힘들게 파도를 헤쳐 나가야 해?
그녀는 잠시 조용하다가 대답했다.
-파도를 거스르면 부서지게 돼. 그냥 떠다녀봐. 중요한 건 우리가 부서지지 않는 거야.

그녀는 해파리 이야기를 들려주었다. 해파리는 바람과 조류에 의해 방향을 정하지만, 자신만의 움직임으로 부드럽게 유영하며 절대로 부서지지 않는다고 했다. 그 말을 듣는 순간, 그녀가 왜 그렇게 떠다니는지 조금은 알 것 같았다. 그녀는 파도를 두려워하지 않았고, 그것과 싸우려고도 하지 않았다. 대신 파도의 힘을 받아들이고, 그것과 함께 춤추는 법을 알고 있었다.

너는 그녀를 통해 배웠다. 떠다닌다는 건 나약함이 아니라, 충격을 유연하게 흘려보내는 강인함이라는 것을. 그녀는 자신을 스스로 지키기 위해 부드러워졌고, 그 안에서 파도를 품는 법을 배웠다.

그녀와의 시간은 고요한 바다도, 거친 격랑도 아닌, 그 사이 어딘가였다. 너희는 완벽한 균형을 이루려 애쓰지 않았다. 대신 흔들림 속에서 함께 유영하며, 서로를 붙잡는 법을 배워갔다.

어느 날 그녀는 말했다.

-사랑도 떠다니는 거야. 우리가 너무 단단해지려고 하면 부서질 뿐이야. 서로에게 맞춰 가며 떠다닐 때, 비로소 사랑은 파도를 넘어설 수 있어.

그 말은 오래도록 너의 가슴에 남았다. 그녀와의 사랑은 여전히 파도 속을 유영 중이다. 때론 조류에 몸을 맡기고, 때론 방향을 스스로 정하며. 너는 이제 안다. 사랑은 완전함을 추구하는 것이 아니라, 흔들림 속에서도 부서지지 않는 법을 함께 배워가는 것임을. 너와 그녀는 여전히 파도 속에서 함께 유영 중이다. 그리고 그 흐름 속에서 떠다니며 서로를 지키는 방법을 알아가고 있다. ✱

그날은 내게 가장 푸른 날이었다

◇

그날의 바다는 유난히도 푸르렀다.
햇살과 물결, 그리고 너의 눈빛이
모두 같은 색으로 물들어 있었다.
마음이 차오르는 걸 느끼며
나는 그날을 가장 푸른 날로 기억하게 되었다.

바닷가를 걷던 어느 날, 너는 파도에 떠밀려 밀려오는 해초와 나뭇가지들을 바라보았다. 그것들은 분명 어딘가 함께 얽혀 시작했을 것이다. 하지만 조류는 그들을 붙잡아두지 않았고, 결국 각각 다른 해변으로 데려왔다. 그 모습을 보며 문득 생각했다. 사랑도 저렇게 흩어지는 건 아닐까, 아무리 서로를 원하고 붙잡으려 해도, 보이지 않는 흐름이 우리를 멀어지게 만드는 건 아닐까.

너희도 그랬다. 한때는 바다 위를 나란히 떠다니던 해파리처럼, 바람에 흔들려도 서로의 곁에 머물 것이라 믿었다. 하지만 조류는 어느새 방향을 바꿔 놓았고, 너희는 서로 다른 쪽으로 조금씩 떠밀려 갔다.

그날, 작은 카페의 창밖에는 잔잔한 바다가 펼쳐져 있었지만, 둘 사이의 대화는 거센 흐름을 만들고 있었다.

-우린 더 이상 같은 방향으로 가고 있지 않아.

그녀는 조용히 말했다. 너는 대답하지 못했다. 그 말이 맞다는 걸 알고 있었기 때문이다.

그녀는 도시로 향했고, 너는 제주도에 남았다. 다른 삶의 속도, 다른 바람. 처음엔 그녀를 따라가려 했고, 그녀를 너의 삶에 더 자주 머물게 하려 애썼다. 하지만 그럴수록 그녀는 점점 멀어졌다.

-그냥… 조류에 맡겨보는 건 어때?

그녀의 마지막 말은 체념 같았지만, 어쩌면 가장 자연스러운 이별의 방식이었는지도 모른다.

이별 이후에도 너는 여전히 바다를 찾는다. 파도 위를 흘러가는 해파리를 보면, 그녀가 생각난다. 멀어질수록 선명해지는 기억들. 그녀의 웃음, 눈빛, 손끝의 온기. 거리는 멀어졌지만, 너의 내면에서 그녀는 여전히 살아 있다.

한 어부가 말해준 이야기를 떠올렸다. 조류는 모든 생명을 끌고 다니는 듯 보이지만, 결국은 돌아오는 법이라고. 해파리조차도 자신을 실은 조류를 따라 어딘가 새로운 곳에 닿는다. 멀어지는 것은 끝이 아니라, 또 다른 시작일 수 있었다.

그녀와의 거리가 멀어진 것은 너와 그녀가 각자의 새로운 길을 찾기 위함이었다. 너는 더 이상 그녀를 붙잡으려 애쓰지 않았다. 대신 그녀와 함께했던 모든 순간이 지금의 자신을 만들어주었다는 사실을 감사히 받아들였다.

바다 위를 떠다니는 해파리는 멀리 흩어지는 듯 보이지만, 결국 바다의 일부로 남는다. 그녀와 사랑도 마찬가지였다. 조류에 의해 멀어져 가면서도 그 사랑은 여전히 그의 마음속에 흔적으로 남아 있었다. 그녀와의 추억을 더 이상 슬픔으로 보지 않았다. 그것은 이제 그의 삶의 조류를 따라 흘러가며, 너에게 새로운 방향을 제시하고 있었다.

모래사장을 걸으면서 너는 여전히 해파리의 유영을 바라본다. 그 유영 속에는 조류에 몸을 맡기면서도 결코 방향을 잃지 않는 자유로움이 담겨 있다. 비록 그녀와의 사랑이 조류에 밀려 멀어졌다고 느꼈지만, 그 사랑은 여전히 너의 삶 속에서 살아 있었다.

그것은 조류와 함께 흐르며 새로운 바다를 향해 나아가고 있었다. 너는 하늘을 올려다보며 중얼거렸다. 멀어져도 괜찮아. 언젠가 다시 돌아올지도 몰라. 네 말은 바람에 실려 멀리 사라졌지만, 마음속에서 여전히 울리고 있었다. *

조개껍데기는 무언가를 속삭이고 있었다

◇

모래 위에 놓인 작은 조개껍데기 하나.
귀를 가까이 대자 바람과 파도, 그리고 기억이 속삭였다.
조용한 그 목소리는 아주 오래된 이야기처럼 들렸다.
그 안에는 너와 나의 시간이,
부서진 채로 고요히 잠들어 있었다.

두 사람은 중문해변에 서 있었다. 끝없이 이어진 수평선 너머로 잔잔한 물결이 흐르고, 바람은 조용히 바다의 결을 따라 불어왔다. 언덕 위에 자리한 호텔이 자연과 어우러져 있는 모습을 바라보던 너에게 그녀가 말을 걸었다.

-이 바다엔, 눈에 보이지 않는 수많은 길이 있을 거야.

너는 천천히 고개를 끄덕였다. 그녀의 말처럼, 바다에는 눈에 보이지 않는 해류와 물길이 존재했다. 그것들은 아무렇지 않게 흐르는 듯 보였지만, 실은 모든 생명을 어디론가 인도하고 있었다.

그날 이후, 너희는 여러 번 중문해변을 다시 찾았다. 처음엔 익숙한 해안선과 조용한 물살에 안도하며 머물렀지만, 시간이 흐르자, 그 너의 시선은 점점 더 멀리 향하기 시작했다.
 ―저 너머엔 어떤 세상이 있을까? 저 길을 따라가면 우리가 상상도 못 한 곳에 닿을 수 있을 것 같아.

 그녀의 눈빛엔 설렘과 갈망이 담겨 있었다. 너는 그 빛이 조금은 두려웠다. 새로운 물길을 따라가다 보면, 익숙한 모든 것들을 잃게 될지도 모른다는 생각이 너를 망설이게 했다. 하지만 그녀는 조심스럽고도 따뜻하게 손을 내밀었다.
 ―같이 가보자. 무섭다면 내가 네 손을 잡아줄게.
 드디어 너희는 물길에 몸을 맡기기로 했다. 배도 노도 없이, 단지 서로의 손을 꼭 붙잡은 채, 해파리처럼 바다 위를 떠다니기로. 처음에는 낯설고 불안했다. 바람은 거세고, 파도는 방향을 알 수 없게 흔들렸으며, 지금 어디쯤 와 있는지도 알 수 없었다.

 ―우리가 옳은 길을 가고 있는 걸까?
 너는 물었다. 그녀는 잠시 바다를 바라보다가 말했다.
 ―잘 모르겠어. 하지만 너와 함께라면 그걸로 충분해.
 그녀의 말은 너의 두려움을 부드럽게 덮었다. 새로운 길을 찾는다는 건, 반드시 정답에 도달하려는 여정이 아닐지도 모른다는 생각이 들었다. 함께 떠다니는 것, 그 자체가 이미 하나의 의미가 되고 있었다.

 시간이 지나자, 너희는 점점 그 흐름에 익숙해졌다. 너는 파도의 리듬을 읽을 수 있었고, 그녀는 바람의 숨결을 따라가는 법을 배워갔다. 처음엔 두려움이던 물길은 이제 너희만의 자유를 허락하는 공간이 되었다.

-이 길은 우리만의 길 같아.

그녀가 말하며 미소 지었다. 너는 그 말에 조용히 동의했고, 그 순간의 고요와 따스함이 얼마나 소중한지 느꼈다.

그러던 어느 날, 익숙했던 물길에서 또 다른 길이 갈라져 나왔다. 그녀는 망설임 없이 새로운 길로 향하자고 했다. 이번에는 네가 먼저 그녀의 손을 잡고 한 걸음 내디뎠다. 너희는 그렇게 계속 앞으로 나아갔다. 바다는 끊임없이 변했지만, 그 변화 속에서 너희는 너희만의 리듬을 만들고 있었다. 해파리가 조류에 실려 흘러가면서도 자신의 움직임을 잃지 않듯이, 너희 역시 새로운 흐름 속에서도 방향을 찾아갔다.

-계속 이렇게 떠다니다 보면, 언젠가 우리만의 항구를 찾을 수 있을까?

그녀가 물었다.

-모르겠어. 하지만 항구에 닿지 않아도 괜찮을 것 같아. 중요한 건, 우리가 함께라는 거니까.

너는 그렇게 말하며 그녀의 손을 더 꼭 잡았다. 새로운 물길은 끝을 알 수 없는 여정이었지만, 더 이상 두렵지 않았다. 그녀와 함께라면, 그 어떤 길도 둘만의 의미가 되어 줄 것 같았다. *

돌아보면 언제나 해변이었다

◇

돌아서는 순간마다
기억의 끝엔 늘 바다가 있었다.
사랑도 이별도, 다짐도 눈물도
결국엔 해변에 닿아 조용히 사라졌다.
나는 그 모든 마음을 발끝으로 밀어내곤 했다.

사랑이 지나간 자리에 가장 오래 남는 건 상처일지도 모른다. 모든 감정이 사라진 뒤에야 비로소 드러나는, 지워지지 않는 흔적. 기쁨도 있었고, 따뜻한 기억도 있었지만, 이상하게도 고통은 더 오래 남았다. 마치 바다가 스쳐 간 자리에 남긴 조각들처럼.

너는 금릉해변에 서 있었다. 바다는 말없이 파도를 밀어 올리고 있었다. 모래 위에는 깨진 조개껍데기들과 떠밀려온 해초, 색이 바랜 플라스틱병이 흩어져 있었다. 그 흔적들이 바다의 상처처럼 느껴졌다. 누구도 쉽게 지우지 못할, 아름답지만 아픈 자국들. 너에게도 그런 상처가 있었다. 사랑이라는 이름으로 남겨진, 시간이 지나도 흐려지지 않는 무늬. 지우려 할수록 선명해지는 것들.

처음 그녀와의 사랑은 잔잔한 호수 같았다. 너희는 서로를 천천히 알아가며 고요한 시간을 쌓았다. 아무 일도 일어나지 않을 것만 같은 평온 속에서, 조용히 마음을 나누었다. 하지만 바다는 언제나 변한다. 그 평온 아래에선 이미 작은 파도가 일고 있었다.

-우리는 너무 다르지 않을까.

-나는 더 자유로워지고 싶어.

그녀의 말은 작았지만, 너의 마음에 깊은 금을 남겼다. 사랑은 모든 걸 견뎌낼 수 있다고 믿었지만, 그 순간 믿음이 흔들렸다. 시간이 지나면서 균열은 더 깊어졌다. 너희는 마치 서로 다른 조류에 휩쓸린 해파리처럼 점점 멀어졌다. 붙잡을 수도, 붙들려줄 수도 없었다. 끝내 그녀는 떠났다.

그녀가 떠난 후, 너는 바다를 떠다니는 것처럼 살아갔다. 겉보기엔 평온했지만, 마음속 어딘가는 늘 시렸다. 길을 걷다 그녀와 함께했던 장소를 지나칠 때, 문득 떠오르는 말투와 표정. 그럴 때마다 상처는 다시 너를 찔렀다.

몇 달 후, 그녀가 두고 간 물건들을 정리하게 되었다. 작은 스카프, 낡은 책 한 권, 그리고 그녀가 자주 쓰던 컵. 그것들은 단순한 물건이 아니었다. 그녀가 남기고 간 온기, 혹은 마지막 인사처럼 느껴졌다. 그중에는 짧은 편지 한 장도 있었다.

'언제나 네가 행복하길 바랄게. 하지만 나도 나를 위해 살아가야 해.'

그 문장을 읽는 순간, 너는 울었다. 사랑은 꼭 함께 머무는 것만으로 완성되는 게 아니었다. 때로는 서로를 위해 멀어지는 것이 사랑의 다른 얼굴일지도 몰랐다.

너는 애월의 한 절벽 아래 작은 해변에서 며칠을 보냈다. 그곳은 둘이 자주 갔던 장소였다. 이제는 너 혼자였지만, 여전히 그 바다는 너를 받아주고 있었다. 파도는 묵묵히 부딪혀오고, 너는 조용히 그 소리를 들었다. 그제야 조금씩 깨닫기 시작했다. 바다는 상처를 품고 있다. 그 흔적들은 완전히 사라지지 않는다. 하지만 그렇다고 바다가 덜 아름다운 건 아니었다. 오히려 그 상처들이 바다를 더 깊고 단단하게 만들었다.

해변을 거닐다가, 너는 모래 위에 누운 해파리 하나를 보았다. 반쯤 마른 몸. 너는 조심스레 그것을 들어 바다 쪽으로 밀어 넣었다.
-이제 다시 흘러가거라. 네 상처도 언젠가는 바다의 일부가 될 거야.
그 순간 너는 자신에게도 같은 말을 건네고 있었다. 그녀와의 사랑은 끝났지만, 그 흔적은 너에게 완성 시켜주는 조각이 될 수 있을 거라고.

그날 밤, 너는 다시 바다를 바라보았다. 바다는 여전히 상처로 가득했지만, 그 사이로 새로운 물길을 만들고 있었다. 사랑도 그럴 수 있다고 너는 믿기로 했다. 끝이라 생각한 자리에서 다시 시작할 수 있다고. *

나는 너의 마음에 지도를 그렸다

◇

너의 마음은 바다처럼 넓고 낯설었다.
나는 조심스레 파도 결을 따라가며
그 안에 작은 섬 하나를 표시했다.
그곳이 너라는 것을 알기까지
수많은 항해와 방향을 잃음이 필요했다.

너는 늘 얕은 물가에 머무르던 사람이었다. 발이 닿는 안락한 모래 위에서, 밀려왔다가 사라지는 잔잔한 물결 속에서만 마음의 평온을 느꼈다. 그러나 그날, 그녀가 네 손을 잡아 이끌었다. 한 걸음, 두 걸음. 물이 허리까지 차오르고 발끝이 바닥에서 떠오르던 순간, 너는 완전히 새로운 세계에 초대되었음을 알았다.

깊은 바다는 두려웠다. 끝을 알 수 없는 검푸른 심연은 익숙하지 않은 모든 것을 품고 있었다. 하지만 그녀의 손끝에서 전해지는 온기는 이상하리만치 안심이 되었다. 그녀는 말했다.
-깊은 곳은 처음엔 무섭지만, 익숙해지면 그 안에 숨겨진 아름다움을 발견할 수 있어.

너는 여전히 긴장된 표정으로 고개를 끄덕였고, 그 순간만큼은 그녀를 믿고 싶어졌다.

시간이 지나며 그녀가 말한 '아름다움'을 이해하기 시작했다. 깊은 바다는 표면에서는 볼 수 없는 색을 품고 있었다. 물살에 스쳐 반짝이는 작은 생명들, 햇빛이 닿지 않는 어둠 속에서도 스스로 빛을 내는 존재들. 그 안에는 위험과 아름다움이 함께 있었다. 그리고 너는 서서히 깨달았다. 그 깊은 바다는 단지 물리적인 공간이 아니라, 그녀가 보여주고자 한 감정의 세계이기도 했음을.

너는 그녀와 함께하며 처음으로 사랑이 단순한 설렘이나 즐거움 이상의 것임을 배웠다. 그녀는 사랑의 깊이를 보여주었다. 때로는 그 깊이가 숨 막힐 만큼 두려웠고, 네가 이해하지 못하는 것들도 많았다. 하지만 너는 그 세계를 탐험하고 싶었다.

다시 만났을 때 그녀가 말했다.
-너는 너무 안전한 곳에만 머물러 있는 것 같아. 그러면 진짜 중요한 것들을 놓칠 수도 있어.
그녀의 말 앞에서 너는 아무런 반박도 할 수 없었다. 너는 안정과 예측할 수 있는 것에만 안주해 왔고, 그 탓에 세상이 점점 좁아지고 있다는 걸 스스로 알고 있었다. 그녀는 네게 감정의 깊이를 알려준 사람이었고, 동시에 네 안의 세계를 흔들고 확장한 존재였다.

그녀는 때로 해파리 같았다. 유려하게 흐르면서도, 가까이 다가가면 그 속의 날카로움과 상처가 느껴졌다. 어둠 속에서도 스스로 빛나는 해파리처럼, 그녀는 빛나면서도 아프고, 부드러우면서도 단단했다. 너는 그런 그녀를 사랑했고, 동시에 두려워했다.

두 사람의 사랑은 바다처럼 변덕스러웠다. 잔잔한 날이 있는가 하면, 어느 날은 예상치 못한 파도가 덮쳤다. 하지만 너는 그녀의 손을 놓지 않았다. 그녀가 보여준 세계는 네가 이전에는 결코 상상할 수 없었던 것이었고, 너는 그 세계를 받아들이기 위해 자신의 틀을 조금씩 열었다.

하지만 결국 그 바다는 너에게 끝내 익숙해지지 않았다. 그녀와 함께하며 너는 자신이 얼마나 얕은 사람인지, 얼마나 많은 것을 두려워하고 있는지를 알게 되었다. 그녀는 더 깊은 곳으로 나아갔고, 너는 바닷가에 홀로 남았다.

그녀가 떠난 후에도 너는 그 깊은 바다의 잔향을 잊을 수 없었다. 그녀는 너의 세계에 한 번도 존재하지 않았던 깊이와 색을 남겼다. 이제 너는 혼자지만, 그녀가 가르쳐 준 세계를 언젠가 다시 만나고 싶다고 생각했다. 그녀는 떠났지만, 함께했던 시간은 네 안에서 여전히 빛나고 있었다.

그녀는 바다였다. 끝없이 변화하고, 때로는 너의 이해를 초월하는 존재. 너는 그 바다의 모든 것을 이해할 수 없었지만, 사랑했다. 그리고 그 감정은 여전히 너를 깊은 곳으로 이끌고 있었다. ✽

슬픔은 등대를 향해 걸어갔다

◇

슬픔은 언제나 어둠 속에서 길을 찾았다.
작고 멀지만 꺼지지 않는 등불을 따라
나는 조용히 그 끝을 향해 걸어갔다.
파도에 휩쓸리고, 발자국이 지워지더라도
등대는 언제나 거기서 기다리고 있었다.

너는 자유를 사랑하는 사람이었다. 마음이 끌리는 대로 떠나고, 한 곳에 얽매이는 것을 싫어했다. 넓고 탁 트인 바다처럼, 모든 가능성을 품고 싶었다. 그러나 자유라는 것이 온전히 너의 것만은 아니며, 때로는 그 자유가 자신을 속박할 수도 있다는 사실을 깨달아야 했다.

그녀를 처음 만난 건, 마치 예고 없는 파도가 너를 덮친 순간 같았다. 그녀는 너의 세계에 예측할 수 없는 변화를 불러왔고, 너를 한 곳에 머물도록 만드는 기이한 힘을 지니고 있었다. 그녀와의 사랑은 네가 추구했던 자유와는 전혀 다른 것이었다. 그녀는 바다의 해파리처럼 유려했고, 매 순간 네가 생각지도 못한 방식으로 움직였다. 그러나 그녀의 자유로움은 너에게 또 다른 속박을 만들어냈다. 그녀를 사랑하면서 너는 점점 그녀에게서 벗어나지 못하는 자신을 발견했다. 그녀는 너에게 말했다.

-자유롭다는 게 정말 뭘 의미하는지 알아? 그건 어디로든 갈 수 있는 게 아니라, 어디에 머물지도 선택할 수 있는 거야.

처음엔 그 말을 이해하지 못했다. 자유란 늘 움직이고 떠다니는 것으로 생각했기 때문이다. 너는 그녀의 곁에서 늘 무언가 새로운 것을 경험했지만, 이상하게도 점점 그녀에게 묶여가는 느낌을 떨칠 수 없었다.

그녀를 만날 때마다 해변을 걸었다. 시간이 모자랄 땐 시내 가까운 곳을, 시간 여유가 있을 때는 교외 먼 곳으로 이동했다. 그녀는 항상 모래사장을 벗어나 검은 현무암 틈에 앉아 물에 발을 담그길 좋아했다. 너는 얕은 곳에 머무르길 원했지만, 그녀는 자꾸 너를 더 깊은 곳으로 이끌었다. 그녀는 바다를 사랑하는 여자였다. 끝없이 펼쳐진 바다는 그녀에게 자유의 상징이었고, 그 속에서 자신을 잃어도 괜찮다고 말하곤 했다.

그녀와 함께하는 동안, 너 역시 새로운 유영을 하고 있다고 생각했다. 그러나 그것이 오해였음을 깨달은 건 어느 잔잔한 날이었다. 그녀가 말했다.

-넌 바다를 두려워하지? 그러니까 늘 안전한 곳에 머무르려고만 해. 그런데 정말 자유로워지고 싶다면 두려움도 받아들여야 해.

너는 고개를 끄덕였지만, 그녀가 진정으로 말하고자 한 바를 이해하지 못했다. 너는 여전히 자신의 안전과 익숙함에 속박되어 있었다.

너희의 관계는 자유로움과 속박 사이를 끊임없이 오갔다. 그녀는 너를 끌어당겼다가 놓아주고, 때로는 곁에 머무르기도 했다. 하지만 너는 그녀가 언제든 떠날 수 있는 사람임을 알고 있었다. 그녀는 마치 해파리처럼 바다의 조류에 몸을 맡기고 살아가는 존재였다. 너는 그녀를 붙잡고 싶었지만, 붙잡는 순간 그녀의 빛나는 자유로움을 잃을까 두려웠다.

그녀가 떠나던 날, 너는 홀로 바다를 찾았다. 그녀는 너를 사랑하면서도 자신의 방식대로 자유로워지길 원했던 사람이다. 너와 함께 있으면서도 그녀는 늘 자신만의 방식으로 유영하고 있었다. 너는 그녀가 사라진 자리에서 자유로움을 느껴야 했지만, 오히려 더 큰 속박 감을 느꼈다. 그녀의 부재가 그의 삶을 더 깊은 곳으로 가라앉히고 있었다.

너는 그녀를 붙잡지 않았다. 그녀는 자유로웠고, 그 자유 속에서 그녀는 존재했다. 그러나 그녀가 떠난 후에도, 너는 그녀를 잊을 수 없었다. 그녀는 그의 삶에 유영하며 지나갔고, 그녀의 흔적은 너를 묶어두었다. 아이러니하게도, 너는 그녀의 속박 속에서 가장 큰 자유를 느꼈다. 그녀는 너에게 사랑이란 자유 속의 속박이며, 속박 속의 자유라는 모순적인 진실을 남겨주었다.

그날, 바다를 바라보며 그녀를 떠올렸다. 그녀처럼 바다는 너를 초대하고 있었다. 끝이 보이지 않는 그곳에서 너는 그녀가 떠난 자리의 의미를 이해하려 했다. 바다는 여전히 자유로웠고, 그 안에는 수많은 속박이 숨겨져 있었다. 그녀를 이해한다는 것은 곧, 바다를 이해한다는 것이었다. 그리고 너는 이제야 그녀가 말한 바다의 의미를 조금은 알 것 같았다. *

사랑은 언제나 다시 돌아온다

◇

사랑은 떠나는 것처럼 보이지만,
사실은 머무는 법을 배우는 중이다.
놓고 놓아, 결국 같은 파도 앞에서
나는 너를 다시 떠올리고 있었다.
사랑은 그렇게, 언제나 돌아오는 것이다.

너는 바다를 좋아했다. 해변에서 부서지는 파도의 리듬 속에서 설명할 수 없는 위안을 받곤 했다. 파도는 늘 같은 방식으로 밀려왔다가 부서지고, 다시 밀려 나간다. 끝없이 반복되는 그 움직임 속에서도 바다는 절대로 고갈되지 않는다. 너는 그것이 사랑과 닮았다고 생각했다. 끝났다고 믿는 순간에도, 사랑은 언제나 또 다른 형태로 되돌아오니까.

그녀와의 사랑도 그런 식으로 시작되었다. 잔잔하던 삶에 갑작스레 찾아온 파도처럼. 그녀는 모든 것을 쏟아붓는 사람이었다. 감정의 결을 숨기지 않고, 조용히 너의 삶에 스며들어 너를 전혀 다른 결로 물들였다. 처음엔 그녀의 격렬함이 낯설고 조금은 버거웠지만, 이

내 너는 그녀의 사랑 속에서 살아가는 법을 배웠다. 그것은 매 순간 파도처럼 다가왔다. 때로는 깊이 적시고, 때로는 아프게 부서졌다.

어느 날, 너희는 함께 바다를 찾았다. 해변에 앉은 그녀는 파도를 바라보며 말했다.
-사랑은 끝나는 게 아니라, 형태를 바꾸는 거야. 마치 파도처럼.
너는 그 말을 곧바로 이해하지 못했다. 너에게 사랑이란, 끝없이 지속되어야만 하는 어떤 것이었기 때문이다. 영원하지 않으면 실패라고 여겼던 그때의 너에게, 그녀의 말은 추상적이고 어려운 문장처럼 느껴졌다.

너희는 헤어졌다. 마치 맑았던 바다가 갑작스레 폭풍우에 휩싸이는 것처럼. 그녀는 떠났고, 너는 남겨졌다. 그녀의 부재는 너를 고요하게 무너뜨렸다. 하지만 시간이 흐르면서, 그녀가 남긴 말이 너 안에서 되살아나기 시작했다. 사랑은 정말로 끝나는 게 아니었다. 그녀의 감정은 사라진 것이 아니라, 다른 형태로 순환하고 있었다.

너는 새로운 사랑을 시작했다. 전혀 다른 이름과 얼굴을 한 또 다른 파도가 밀려온 것이었다. 그런데 그 파도의 리듬 어디엔가, 그녀의 숨결이 숨어 있었다. 새로운 사랑 속에서도 너는 여전히 그녀의 흔적을 느꼈고, 그건 아프면서도 따뜻한 일이었다. 사랑이란 단절이 아닌 순환임을, 이제 너는 조금씩 받아들이고 있었다.

그녀가 떠난 후, 너는 더 이상 사랑을 두려워하지 않게 되었다. 상처가 남을 수도 있고, 끝이 있을 수도 있다는 사실이 오히려 너를 자유롭게 했다. 파도는 부서질 것을 알면서도 매번 다시 밀려온다. 사랑도 마찬가지였다. 받아들임 속에서만 진짜 의미가 있었다. 그녀는 너에게 그 사실을 가르쳐 준 사람이었다.

 사랑은 끝나지 않는다. 그것은 형태를 바꿔 다른 방식으로 돌아온다. 첫사랑이 남긴 설렘은 이별의 아쉬움으로, 그 아쉬움은 또 다른 만남에 대한 용기로 변한다. 그 모든 순환 속에서 사람은 조금씩 성장하고, 다시 사랑할 준비를 하게 된다. 그녀가 너에게 남긴 가장 큰 선물은 바로 이 사랑의 순환을 믿게 만든 용기였다.

 너는 다시 바다에 섰다. 그녀와 함께 걷던 그 해변에서, 파도를 바라보며 그녀를 떠올렸다. 이제는 그녀의 목소리를 기억할 수 있을 만큼 차분해졌고, 그녀가 말한 사랑의 본질이 조금은 이해되기 시작했다. 그녀와의 사랑은 끝났지만, 그것은 또 다른 파도의 시작이었다.

 그녀는 사랑이란 움직임, 반복, 흐름이라는 걸 알려주었다. 너는 더 이상 사랑이 머무르지 않는다고 해서 슬퍼하지 않았다. 오히려 그 흐름을 믿기로 했다. 사랑은 돌아오는 것이다. 방식이 달라질 뿐, 감정의 본질은 여전히 살아 있다. *

사랑에는 경계가 없다

◇

사랑은 어디까지가 너이고, 어디부터가 나일까.
그 물음은 바닷물처럼 선을 허물고 흘러들었다.
마음을 나누는 순간, 우리는 경계를 잃었다.
그럼에도 두려움보다 따뜻함이 먼저였다.
사랑에는 결국, 경계 따위는 없다는 걸 알게 되었다.

너는 하늘을 바라볼 때마다 묘한 친밀감을 느꼈다. 바다와 하늘은 닮아 있었다. 깊고 넓으며, 그 끝이 보이지 않는 곳. 무엇보다 너를 사로잡은 건 두 세계가 맞닿는 수평선이었다. 그것은 늘 그 자리에 있지만 결코 손에 닿지 않았다. 바다와 하늘이 만나는 곳은 경계이자, 동시에 무한한 가능성의 시작처럼 느껴졌다. 너에게 그곳은 사랑과 삶이 맞물리는 경계처럼 보였다.

언제부턴가 그 경계를 넘는 상상을 자주 하게 되었다. 바다가 끝없이 펼쳐진 풍경을 바라보다 보면 그 너머에는 무엇이 있을까, 너는 그곳에 닿을 수 있을까, 하는 생각이 밀려왔다. 바다는 네게 단순한 자연의 일부가 아니었다. 그것은 감정과 사유의 장소였고, 너를 너답게 만들어주는 공간이었다. 그리고 바로 그 바다에서, 그녀를 만났다.

제주도 삼양 해변. 검은 모래 위로 저녁 햇살이 길게 늘어지고, 바다와 하늘이 서서히 하나로 스며들고 있을 때였다. 너는 그녀와 나란히 걷다가 무심코 물었다.
-바다와 하늘의 경계는 어디일까?
그녀는 멀리 수평선을 바라보다 대답했다.
-어디든 우리가 정하기 나름 아닐까? 어쩌면 경계는 애초에 없을지도 몰라.

그녀의 말은 단순한 대답 이상이었다. 그것은 네 마음속에 어떤 감정의 씨앗이 되어 자리 잡았다. 사랑도 바다와 하늘 같았다. 분명히 다른 두 존재가 스며들며 어딘가에서 하나가 되는 것. 너와 그녀의 관계 역시 그렇지 않았던가. 시작은 분명했지만, 시간이 갈수록 어디서부터가 너이고, 어디까지가 그녀인지 알 수 없게 되었다.

너는 오랫동안 사랑에는 경계가 필요하다고 믿어왔다. 연애의 단계, 책임, 약속, 그것들은 너에게 사랑의 뼈대이자 안전장치였다. 하지만 그녀는 달랐다. 그녀는 자유로웠고, 그 자유 안에 너를 초대했다.
-사랑은 완성하는 게 아니라, 함께 흘러가는 거야.
그녀의 말에 처음엔 불안함을 느꼈지만, 너는 점점 그녀의 방식으로 사랑하는 법을 배워갔다. 경계를 허물고 나서야 보이는 풍경들이 있었다.

낯선 도시, 새로운 만남, 예상치 못한 감정들 속에서도 그녀는 너에게 하나의 중심처럼 존재했다. 멀어질수록 이상하게 가까워지는 관계. 그것은 분명한 거리 안에서도 흔들리지 않는 연결이었다. 바다와 하늘처럼, 떨어져 있지만 언제나 맞닿아 있는.

그날도 너는 그녀와 바다를 찾았다. 맑고 푸른 하늘 아래, 바다는 한없이 투명했다. 너는 말했다.
-우린 이렇게 다른데, 왜 이리 닮았을까?
그녀는 웃으며 대답했다.
-우린 다르지 않아. 바다와 하늘도 본질은 같잖아. 결국은 같은 물이잖아.
그 말은 너의 마음 깊은 곳을 울렸다. 끝났다고 생각한 감정은 다른 형태로 되돌아오고, 순환하며 이어진다.

너희 두 사람은 집착하지 않았고, 떠남을 두려워하지 않았다. 그녀는 서울에서 자신의 꿈을 좇았고, 너는 제주에 남아 그녀를 그리워했다. 멀리 떨어져 있으면서도 너희의 사랑은 흐트러지지 않았다. 그것은 바다와 하늘처럼, 분리될 수 없는 연결이었다.

어느 날, 그녀가 보낸 편지에는 이렇게 적혀 있었다. '우리는 바다와 하늘 같아. 따로 있으면서도 하나인. 우리 사랑이 어디까지 갈진 모르지만, 굳이 경계를 그으려 하지 말자. 그냥 흘러가 보자.' 그 말은 너에게 커다란 위안이자 이정표가 되었다.

너는 더 이상 사랑을 틀 안에 가두려 하지 않는다. 바다와 하늘이 매 순간 스며들고 변하듯, 너도 그렇게 변해간다. 그녀는 경계 없는 사랑을 가르쳐 준 사람이다. 사랑은 서로를 구속하는 것이 아니라, 자유 속에서 더 깊이 이어지는 감정임을. ✽

Jellyfish

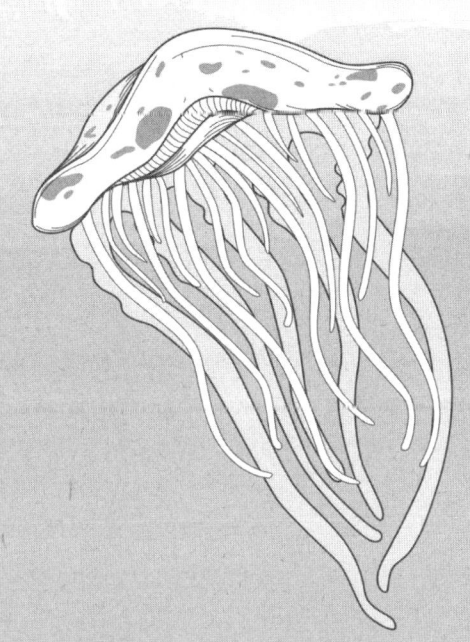

| 3장 |

균열의 속도

사랑은
진실을 마주할 때 가장 아프다

금이 간 마음 위로
투명한 감정들이 흘러내릴 때
비로소 우리는 사랑의 속살을 본다

사랑은
그 모순까지 끌어안으려는 마음이다

마음에 숨겨진 가시

◇

마음은 조용히 상처를 감춘다.
겉으로는 멀쩡해 보여도
작은 말 한마디에 찔리는 날이 있다.
그날의 감정은 잊은 줄 알았는데,
지금도 가시처럼 내 안에 남아 있다.

그날을 또렷하게 기억한다. 그녀의 손을 처음 잡았던 순간. 그 손은 마치 바람에 흔들리는 얇은 비단처럼 부드러웠고, 햇살 아래 살짝 데워진 돌처럼 따뜻했다. 하지만 그 감촉은 단순히 편안하지 않았다. 어딘가 날이 서 있었다. 감미로운 온기 속에 스치듯 번진 긴장감. 너는 그때 막연한 예감을 품었다. 이 손을 오래 잡고 있을수록, 언젠가 아주 작은 상처라도 생기게 될 것 같은.

그녀는 처음부터 부드러움을 내어주었다. 다정한 말투와 담백한 웃음, 기꺼운 눈빛. 하지만 그 모든 것 뒤에는 설명할 수 없는 거리감이 있었다. 손끝은 닿아 있었지만, 마음은 어딘가 비껴 있는 듯한 기분. 마치 오스트리아 화가 클림트(Gustav Klimt)의 그림 속 연인처럼 서로를 감싸안고 있으면서도, 눈빛은 같은 방향을 향하지 않는.

너는 혼란스러웠다. 사랑이라는 감정은 본디 따뜻하고 달콤해야 하는 것이 아닌가. 그런데 그녀와 함께 있는 순간들엔 묘한 긴장감이 맴돌았다. 감정을 숨긴 듯한 미소, 문득 멀어지는 시선, 말을 아끼는 침묵. 그녀는 너를 사랑했지만 동시에 어딘가 두려워하는 듯했다.
너는 물었다.
-넌 왜 항상 한 발짝 물러서 있는 것 같아?
그녀는 대답하지 않았다. 대신 그윽하게 너를 바라보다가 조용히 말했다.
-넌 왜 항상 조심스러워?
잠시 망설인 끝에 너는 입을 열었다.
-네가 너무 부드러워서… 오히려 더 두려워. 그 안에 뭔가 날카로운 게 숨어 있을까 봐.
그녀는 그 말을 들으며 한동안 침묵했다. 그러고는 작게 웃었다.
-내가 해파리 같다는 거네. 그럴지도. 투명하고 아름다운데, 다가가면 아플 수도 있는….
그녀는 고개를 끄덕였다.
-맞아. 나는 마음속에 가시를 숨기고 살아. 그건 널 찌르려는 게 아니라, 그냥 나 자신을 지키려는 거야.
그 순간 너는 이해할 수 있었다. 어떤 사람들은 자신을 보호하기 위해 다정함이라는 옷 아래 날카로움을 숨긴다는 것을. 그리고 그 날카로움이 누군가에게 상처가 될 수도 있다는 것을 알면서도, 그것 없이는 견딜 수 없다는 사실도.

오스트리아 작가 릴케(Rainer Maria Rilke)는 말했다. "사랑은 서로를 바라보는 것이 아니라, 함께 같은 방향을 바라보는 것이다." 하지만 그녀는 아직 그 방향을 함께 응시할 수 없었다. 그녀에겐 아직 치유되지 않은 상처가 있었고, 그 상처가 그녀를 단단하게 만든 동시에 쉽게 다가갈 수 없게 했다. 사랑을 받는 것보다, 상처받는 것이 더 익숙한 사람이었기에.

시간이 지나면서 배우게 되었다. 사랑은 상처를 주지 않는 관계가 아니라, 상처받을 수 있다는 것을 감수하는 용기 위에 놓인다는 것을. 그녀의 가시가 두려워 피하지 않고, 그 안에 담긴 아픔을 이해하려 노력할 때 비로소 진짜 사랑이 시작된다는 것을 알게 됐다.

어느 날 그녀는 말했다.
-나는 사랑을 줄 때도, 받을 때도 겁이 나. 그래서 가끔은 도망가고 싶어져.
너는 그 말에 고개를 끄덕이며 손을 내밀었다. 여전히 부드럽고 따뜻한 그녀의 손. 그 안에는 여전히 가시가 숨어 있었지만, 이제는 알고 있었다. 그 가시조차도 그녀의 일부이며, 사랑이라는 복잡한 감정의 또 다른 얼굴이라는 것을 안다.

너는 결심했다. 다가가는 데 상처가 따르더라도, 그 손을 놓지 않겠다고. 사랑이란 단지 포근한 감정이 아니라, 서로의 날카로움을 알아주고도 머물기로 선택하는 일이라는 것을 깨달았기 때문이다. ✽

달콤한 아픔은 왜 오래 남는가

◇

행복했던 순간일수록,
그 끝에 맺힌 눈물은 더 짙었다.
사랑은 달콤했고 그래서 더 아팠다.
그 아픔은 시간이 흘러도 사라지지 않고
어디선가 내 마음을 다시 물들인다.

처음에 너는 그녀의 목소리에 사로잡혔다. 그것은 부드럽고 감미로웠다. 마치 바흐(Johann Sebastian Bach)의 〈칸타타 아리오소〉처럼 잔잔하면서도 절제된 선율이, 마음속 가장 연약한 곳에 살며시 내려앉는 느낌이었다. 그녀의 말투는 늘 고요했고, 하루를 마감하는 밤이면 더욱 따뜻했다. 그 순간만큼은 세상이 멈춘 듯했으니까. 하지만 그녀의 목소리엔 어딘가 모를 슬픔이 담겨 있었다. 너무 아름다워서 오히려 마음이 저릿할 정도의 슬픔이랄까.

그녀는 자주 다정한 말을 건넸다.
-오늘도 고생했지?
-내일은 더 괜찮을 거야.

―나는 네가 자랑스러워.

그 말들은 사탕처럼 달콤했다. 그러나 그 달콤함 속에는 뭔가 설명되지 않는 울림이 있었다. 너는 문득 깨달았다. 그녀가 위로를 건넬 때마다, 그것은 어쩌면 그녀 자신에게도 하는 말일 수 있다는 것을. 그녀는 누군가를 다독이며 자신을 겨우 붙잡고 있었는지도 몰랐다.

그림자처럼 따라붙던 그 느낌은 멕시코의 여류화가 프리다 칼로(Frida Kahlo de Rivera)의 〈자화상〉을 떠올리게 했다. 화려한 색감, 정돈된 구도. 하지만 정작 그 중심에는 고통이 고스란히 박혀 있었다. 꽃과 새와 눈동자 속에 숨겨진 고통. 그녀의 목소리도 그랬다. 다정한 단어와 부드러운 음색으로 포장되어 있었지만, 깊이 들여다보면 말하지 못한 고통이 조용히 웅크리고 있었다.

너는 조심스럽게 물었다.
―네 목소리는 항상 밝은데… 가슴은 이상하게 슬퍼 보여. 내가 민감해서 그런 걸까?
그녀는 잠시 침묵하더니 천천히 말했다.
―아마 너는 느꼈을 거야. 나는 늘 다 말하지 않아. 말하면 무너질까 봐 겁나거든.
그녀의 말은 부드러웠지만, 그 안엔 단단한 벽이 있었다. 말하지 않음으로써 자신을 지키고, 다정함으로 마음의 균열을 덮는 방식이랄까.

너는 그 이후로 그녀의 말 너머를 들고자 애썼다. 떨리는 음조, 짧은 숨, 억지로 웃는 어미. 너는 더 이상 그녀의 목소리에만 머무르지 않았다. 그 아래 흐르는 결을 읽으려 했다. 하지만 그것은 어렵고 조심스러운 일이었다. 그녀는 사랑의 언어로 고통을 감추었고, 너는 그 언어를 번역할 수 있는 사람이 되고 싶었다.

작가 릴케는 이렇게 썼다. '우리는 서로의 낯섦을 사랑해야 한다.' 그녀의 목소리는 너에게 여전히 달콤했지만, 그 달콤함은 너를 편하게 하지 않았다. 오히려 그 속에서 그녀의 낯설고 깊은 고독을 발견했기에, 너는 더 신중해졌다.

그러던 어느 날, 너는 말했다.
-네 목소리가 좋아. 처음엔 그냥 다정해서 좋았는데, 이제는 그 다정함이 얼마나 애쓴 건지 알 것 같아. 말하지 않아도 돼. 하지만 난 네 옆에 있을게.
그녀는 작게 웃었다. 이번에는 그 미소 안에 더 이상 감춰진 무언가가 없어 보였다. 마치 그녀가 자신을 스스로 받아들이기로 결심한 듯한 작고 조용한 해방이었다.

그 순간 너는 알았다. 사랑은 단지 기쁨의 언어가 아니라는 것을. 그 안에는 고요한 고통, 말해지지 않은 외로움, 그러나 함께 있음으로써 조금씩 치유되는 무엇이 있었다. 그녀의 목소리는 더 이상 독처럼 아프지 않았다. 이제는 그 아픔마저도 너를 단단하게 만들어주는 약이 되었다.

사랑은 고통을 감싸안는 부드러운 힘이었다. 그리고 그녀는, 그 힘을 스스로에게도 조금씩 허락하기 시작했다. *

미소 뒤에 감춰진 진실

◇

나는 웃고 있었지만,
그 안에선 무언가 무너지고 있었다.
사랑은 자주 웃음으로 자신을 숨겼고
그 뒤편엔 말하지 못한 진실이
조용히 나를 바라보고 있었다.

그녀는 자주 웃었다. 니의 농담에도, 길을 걷다 마주친 강아지의 재롱에도, 갑작스레 불어온 바람에 헝클어진 머리카락에도 그녀는 웃음을 지었다. 그녀의 웃음은 맑고 청아해서, 마치 아침 햇살이 잔잔한 바다 위를 반짝이며 춤추는 듯했다. 너는 그녀가 웃을 때마다 자신도 모르게 따라 웃었다. 그녀의 웃음은 어쩐지 세상을 조금 더 견딜 만한 곳처럼 느끼게 했다.

하지만 너는 서서히 알게 되었다. 그녀의 웃음이 언제나 가볍지만은 않다는걸.

어느 날 그녀는 아무 말 없이 해변을 걸었다. 너는 멀찍이서 그녀를 바라보았다. 그녀는 바다를 향해 웃고 있었지만, 어깨는 미세하게 떨리고 있었다. 그 순간 깨달았다. 그녀의 웃음 뒤에 무언가 감춰져 있다는 것을. 바람에 나부끼는 머리카락과 파도 소리 속에 그녀는 울고 있었다. 아니, 울지 않으려 애쓰는 중이었다.

그녀의 웃음은 너에게 오스트리아의 표현주의 화가 에곤 실레(Egon Schiele)의 〈자화상〉처럼 느껴졌다. 선명하고 정제된 선, 기이할 만큼 깔끔한 외형. 그러나 그 속엔 불편한 왜곡이 숨어 있다. 겉은 단정해도, 그 시선은 고독과 불안을 정면으로 응시하고 있다. 그녀의 웃음도 그랬다. 정돈된 표정 너머로 비치는 마음속 균열이 엿보였다.

한 번은 너도 모르게 불쑥 물었다.
-너는 왜 항상 웃어?
그녀는 조금 머뭇거리다가 대답했다.
-웃고 있으면, 내가 진짜로 괜찮아질 것 같아서. 나 자신한테 그렇게 믿게 만들고 싶거든.
그 말은 너를 오래 붙잡았다. 그녀는 자신을 스스로 속이고 있는 것이 아니라, 버티고 있는 것이었다. 웃음은 그녀에게 살아남는 방법이었다.

너는 그녀가 꺼낸 학창 시절의 한 장면을 기억했다.
-내가 발표하다가 실수했는데, 다들 웃었어. 나도 같이 웃었지. 나중에야 알았어. 그 웃음이 나를 비웃은 거였다는 걸.
그녀는 웃으며 말했지만, 그 안에서 어린 날의 상처가 여전히 살아있음을 느꼈다. 웃음은 그녀가 만든 갑옷이었다. 세상이 다시는 자신을 찌르지 않게 하려는 방어의 기술 같은.

19세기 독일의 철학자 니체(Friedrich Nietzsche)는 말했다. "예술이 없다면 진실을 견딜 수 없을 것이다." 그녀의 웃음은 예술처럼 치장된 진실이었다. 고통을 그대로 드러내는 대신, 그것을 아름다운 형태로 감췄다. 하지만 너는 그 장식 아래에 있는 것을 보고 싶었다. 그녀가 꾹 눌러온 감정들, 아무에게도 말하지 못한 외로움을.

하루는 네가 말했다.
-웃지 않아도 괜찮아. 나, 네가 웃지 않는 얼굴도 좋아.
그녀는 너를 오래 바라보았다. 그리고 조용히 웃음을 멈추었다. 그 순간, 그녀는 조금 더 진짜 같았다. 아니, 진짜 그녀였다. 미소가 아닌 침묵 속에서 너는 그녀와 더 가까워졌음을 느꼈다.

그녀는 미국의 재즈 가수 사라 본(Sarah Lois Vaughan)이 부른 오래된 재즈처럼, 부드럽고 우아했지만, 그 안에 울음이 녹아 있었다. 그녀의 웃음은 바다 위를 유영하는 해파리의 움직임 같았다. 멀리서 보면 아름답지만, 가까이 다가가면 스스로 지키기 위한 본능이 숨어 있다. 너는 이제 그 아름다움이 단순한 장식이 아님을 이해했다.

그녀의 웃음은 더 이상 너를 속이지 않았다. 오히려 그 웃음이 만들어진 이유를 알게 된 지금, 너는 그녀를 더 깊이 이해하게 되었다. 그녀가 웃지 않을 때, 비로소 너는 그녀가 너를 믿고 있다는 걸 느꼈다.

그래서 너는 그녀와 함께 더 깊은 바다로 들어가기로 했다. 웃음이라는 파도 아래, 숨겨진 진짜 마음을 만나기 위해. ✱

눈빛이 말해주는 것들

◇

말보다 먼저 다가오는 건
늘 너의 눈빛이었다.
그 안에는 불안과 온기, 그리고
아직 꺼내지 못한 마음이
잔잔하게 머물러 있었다.

그녀의 눈빛은 한없이 고요했다. 처음 만났을 때, 너의 시선을 사로잡은 것도 바로 그녀의 눈빛이었다. 맑고 투명하며 그 안에 끝을 알 수 없는 깊이가 담겨 있었다. 그녀의 눈은 바다 같았다. 하루의 빛에 따라 다른 색을 띠는 바다처럼 그녀의 눈빛도 순간마다 변했다. 설렘, 애정, 호기심, 그리고 가끔은 설명할 수 없는 그늘까지. 너는 그 눈빛을 사랑했다.

그러나 어느 순간부터, 그녀의 눈빛이 변했다. 너는 처음에 그 변화를 알아차리지 못했다. 그녀의 미소는 여전히 아름다웠고, 말투는 한결같이 부드러웠다. 하지만 어느 날 문득 그녀의 눈을 바라보다가, 너는 깨달았다. 그녀의 눈빛 속에는 더 이상 바다가 없었다. 그 대신 그늘진 파도와도 같은 무언가가 숨어 있었다.

　그녀는 해파리 같았다. 겉으로는 부드럽고 맑은 물결 위를 유영하며 아름다움을 뽐내지만, 속에는 날카로운 독침을 숨기고 있는 존재. 그 독침은 자신을 보호하기 위한 것이지만, 그것이 내뿜는 독은 그녀를 바라보는 이에게도 상처를 남길 수 있었다.

　그녀의 눈빛에서 이별의 징후를 느꼈던 순간, 어렸을 적에 본 해파리가 떠올랐다. 투명한 몸체를 통해 안이 보일 듯 말 듯한 해파리. 바닷가에서 손을 뻗으면 해파리는 조용히 멀어졌다. 가까워지는 듯하다가도 거리를 두는 해파리처럼, 그녀의 눈빛 역시 멀어지려는 무언가를 암시하고 있었다. 너는 용기를 내어 물었다.
　-요즘 뭔가 달라진 것 같아. 무슨 일이 있는 거야?
　그녀는 미소를 지으며 고개를 저었다.
　-아니야, 그런 거 없어. 나 그냥 좀 피곤해서 그래.
　그녀의 대답은 단호했지만, 그 눈빛 속에 담긴 미세한 흔들림을 너는 놓치지 않았다. 마치 해파리가 물살에 살짝 흔들리는 모습처럼, 그녀의 눈빛은 고요한 표면 아래 무엇인가를 숨기고 있었다.

　시간이 지나면서 너는 더욱 불안해졌다. 그녀는 여전히 웃었고, 그의 손을 잡았으며, 같은 공간을 공유했다. 그러나 그녀의 눈빛은 점점 더 깊은 곳으로 가라앉는 듯했다. 너는 그 변화를 막으려 했지만, 그럴수록 그녀의 눈빛은 더 멀어져만 갔다. 이별의 징후는 눈빛 속에서 가장 먼저 드러난다.

너는 언젠가 그녀가 한 말을 기억한다.

-사람이 진짜 무언가를 숨기고 싶을 때는 입이 아니라 눈이 말한다고 하더라.

그 말이 떠올랐을 때, 너는 깨달았다. 그녀는 이미 떠날 준비를 하고 있었다. 그녀의 눈빛은 너를 더 이상 바라보지 않고, 어디론가 멀리 떠 있는 듯했다. 해파리의 유영처럼, 그녀는 벌써 마음의 준비를 하고 있었다.

너는 알고 있었다. 그녀를 붙잡으려 할수록 그녀는 더 멀리 떠날 것이라는걸. 해파리를 억지로 잡으려 하면 그것은 자신의 방어기제를 작동시킨다. 그녀의 마음도 다르지 않았다. 그래서 너는 마지막으로 그녀의 눈을 깊이 바라보았다. 그리고 묻지 않기로 했다. 그녀의 눈빛에 담긴 진실을.

그녀가 떠난 후, 너는 바다를 찾았다. 그녀가 자주 앉아 있던 자리에서 바다를 바라보았다. 바다는 여전히 아름다웠고, 너는 문득 그녀의 눈빛이 떠올랐다. 그 속에 담긴 이별의 징후와 네가 알아차리고도 아무것도 하지 못했던 시간. 너는 바다를 바라보며 속삭였다. 내가 더 빨리 알아채고 물어봤다면, 결과가 달라졌을까?

그녀의 눈빛은 여전히 너의 기억 속에 남아 있다. 그것은 이별의 시작을 알리는 신호였지만, 동시에 그녀와 함께한 모든 순간을 떠올리게 하는 추억의 일부이기도 했다. 해파리의 부드럽고 날카로운 독처럼, 그녀의 눈빛은 너에게 아픔과 아름다움을 동시에 남겼다. *

나는 왜 너에게 벽을 쌓았을까

가까워질수록
나는 너에게서 물러섰다.
상처받을까 봐,
혹은 들킬까 봐.
사랑은 때로, 나를 숨기는 방식이었다.

그녀가 떠난 후에도, 많은 것이 여전히 제자리에 있었다. 그녀가 좋아하던 머그잔, 책장에 꽂힌 시집, 카페에서 마시던 바닐라 라테의 향. 처음엔 그것들이 잔인하게 느껴졌다. 사람이 사라졌는데, 왜 물건들은 이토록 뻔뻔하게 남아 있는 걸까.

하지만 시간은 잔인한 만큼 정직하다. 하루, 이틀, 일주일, 한 달. 너는 그녀가 남긴 것들을 차례로 바라보는 연습을 했다. 피하지 않고, 버리지도 않고. 그녀가 웃으며 붙였던 냉장고 자석을 만지작거리며, 그녀가 읽다 말고 덮어놓은 책의 마지막 줄을 따라가며. 그렇게 너는 조금씩, 그녀가 떠난 자리를 살아내고 있었다.

어느 날, 우연히 서랍을 정리하다가 작은 노트를 발견했다. 그녀의 손 글씨로 적힌 몇 줄의 문장이 있었다.

'사랑받고 싶은 마음과 사랑하고 싶은 마음은 다르다. 나는 늘 사랑하고 싶었는데, 그게 나를 지치게 했다. 그래도 후회하지 않아. 그건 내 방식이었으니까.'

그 순간 이해했다. 그녀의 침묵도, 멀어지는 눈빛도, 마지막까지 말하지 않았던 진심도. 그녀는 자신을 표현하는 방식이 다를 뿐이었다. 떠남조차도 그녀에게는 하나의 방식이었을 것이다. 그렇게 너는 그녀의 부재 속에서, 그녀의 온기를 처음으로 마주했다.

이별은 누군가 사라지는 사건이 아니라, 존재의 온도가 남는 과정이다. 어쩌면 진짜 이별은 그녀를 완전히 지워버리는 것이 아니라, 그녀의 흔적을 기억할 수 있는 사람이 되어가는 것인지도 모른다. 그녀의 웃음이 담긴 컵을 씻고, 그녀가 쓰던 펜을 다시 잡는 행위. 그것은 단순한 정리나 미련이 아니라, 남겨진 자가 할 수 있는 가장 조용한 방식의 애도였다.

예전에는 해파리를 보면 무서웠다. 보이지 않는 독, 가까이할수록 다가오는 아픔. 하지만 이제는 조금 다르게 느껴진다. 해파리는 자신을 숨기지 않는다. 투명한 몸으로 조용히 흘러가며, 자신을 지키기 위해 거리를 유지할 뿐이다. 그녀도 그랬다. 가까이 다가가면 다칠 수 있다는 것을 알면서도, 아름다움을 숨기지 않았다.

그날 너는 다시 해변에 섰다. 바다는 여전히 반복되는 파도를 보내고 있었다. 너는 그녀가 남긴 흔적들을 떠올렸다. 그리고 그 모든 것이 더 이상 고통이 아니게 되었음을 알았다. 그녀는 사라진 것이 아니라, 너의 일부가 되어 있었다. 따뜻한 체온처럼, 잊히지 않는 한 문장처럼.

그녀와 함께 처음 여행을 갔던 날. 너희는 비가 오는 바닷가에서 우산도 없이 한참을 걸었다. 둘 다 젖었고, 신발은 모래구덩이 물에 빠졌다. 그녀는 웃으며 말했다.
-다 젖었지만, 그래도 괜찮아. 이런 날도 나중엔 예쁜 기억이 될 거야.
그 말이 인제야 진짜 무슨 뜻인지 알게 된 것 같았다. 아프고 젖어도, 그 순간은 여전히 예쁜 기억으로 남는다.

그녀가 떠난 자리에는 여전히 많은 것이 남아 있다. 슬픔, 그리움, 흔적. 하지만 이제 너는 안다. 그것들이 꼭 지워져야 할 것은 아니라는 걸. 어떤 기억은 지우는 것이 아니라, 품고 사는 것이다. 마치 해파리가 물결에 몸을 맡기듯, 너도 이제 그 기억을 끌어안고 흐를 수 있게 되었다. ✳

달콤해서 더 쓰라렸던 순간

◇

그날의 입맞춤은
솜사탕처럼 달았지만
속마음은 이미 어두운 물결로 출렁이고 있었다.
너를 사랑했던 감정이 선명할수록
끝은 더 아프게 다가왔다.

 사랑은 가끔 아주 짧은 순간에 가장 강렬한 빛을 발한다. 그 찰나의 기쁨이 너무 눈부셔서, 우리는 그것이 지나간 뒤의 어둠을 견디지 못하곤 한다. 너희도 그런 순간이 있었다. 평범한 하루, 뜻밖의 말, 스치듯 건넨 손길, 무심코 흘린 눈빛 속에 담긴 마음. 그 모든 것이 달콤했다. 그러나 이상하게도 그 순간들이 지나고 나면 마음 한 구석이 쓰라렸다. 왜일까.

 그날, 그녀는 네게 말했다.
 -이 순간이 오래가면 좋겠어. 아니, 그냥 멈췄으면 좋겠어.
 그녀는 웃고 있었지만, 그 말에는 왠지 모를 아쉬움이 묻어 있었다. 너는 그 말을 듣고 괜히 가슴이 먹먹해졌다. 왜 멈추고 싶다는 걸까? 지금 이 행복한 순간조차 지나갈 것을 두려워하고 있다는 뜻일까? 그때 너는 깨달았다. 달콤한 감정은 그만큼 짧고, 그래서 더 아플 수 있다는걸.

노르웨이 출신의 상징주의 화가 에드바르 뭉크(Edvard Munch)는 〈생의 춤〉이라는 그림에서 세 명의 여성을 그렸다. 순백의 옷을 입고 수줍게 춤을 시작하는 소녀, 열정적으로 춤을 추는 붉은 드레스의 젊은 여자, 그리고 검은 옷을 입고 외롭게 서 있는 중년의 여인. 사랑과 인생의 순환을 상징하는 이 그림은 너에게 그녀와의 시간을 떠올리게 했다. 너희는 아직 붉은 드레스를 입고 춤추는 시간에 있었지만, 이미 그다음 장면의 기운을 예감하고 있었던 것만 같았다.

그녀와 함께한 어떤 날은 너무 평범해서 특별했다. 비가 내리는 오후, 좁은 카페 창가에 나란히 앉아 커피를 마시던 순간. 둘 다 아무 말도 하지 않았지만, 서로의 온기를 느끼며 조용히 웃었던 그 순간. 지나고 보니 그 시간이 너의 마음속에서 가장 선명하게 남아 있었다. 그날의 커피 향, 창밖의 비 냄새, 그녀의 손등을 덮은 너의 손. 달콤해서 쓰라렸다.

그녀는 가끔 말했다.
-이런 날은 정말 선물 같아. 하지만 선물은 언젠가 끝나잖아.
그녀의 말은 마치 프랑스 시인 폴 발레리(Ambroise Paul Toussaint Jules Valéry)의 시처럼 여운을 남겼다. 그는 말했다. "가장 진한 행복은 그리움의 씨앗이 된다." 그 말처럼 너는 그 행복의 순간들이 훗날 마음을 아프게 만들 수 있다는 것을 어렴풋이 알고 있었다. 하지만 그런데도 너는 그 순간들을 원했다.

너는 이제 그녀가 했던 말들을 되새긴다.
-너랑 있을 때면, 다 잊을 수 있어서 좋아. 근데… 그게 무서워질 때도 있어.
너는 그 말을 처음 들었을 땐 이해하지 못했다. 어떻게 좋아서 무서울 수 있을까? 그러나 시간이 흐르고 나서야 알게 됐다. 너무 달콤한 순간은, 그만큼의 상실을 예고하기 때문이다. 사랑이 깊어질수록 언젠가 맞이할 끝을 더욱 의식하게 된다. 사랑의 절정은 역설적으로 이별의 시작이기도 하다.

클래식 음악 중 슈베르트(Franz Peter Schubert)의 〈세레나데〉는 조용하고 달콤하다. 하지만 그 선율이 이어질수록 마음속엔 묘한 슬픔이 번진다. 왜 그토록 아름다운 멜로디가 이토록 쓸쓸하게 들릴까. 그것은 아마도 그 음악 속에 '끝'을 예감하는 감정이 녹아 있기 때문일 것이다. 너는 그녀와 함께했던 가장 달콤했던 기억을 떠올리며, 그 감정과 비슷한 것을 느꼈다.

어느 날 그녀가 말했다.
-이렇게 좋은 날은, 다시 없을지도 몰라.
너는 대답하지 못했다. 무슨 말을 해도 그 순간의 깊이를 따라잡을 수 없을 것 같았다. 대신 그녀의 손을 꽉 잡았다. 그리고 속으로 다짐했다. 오늘, 이 감정은 절대 잊지 않겠다고.

지금은 그녀가 곁에 없지만 너는 여전히 그 순간들을 떠올린다. 그것이 쓰라려도 지우고 싶지 않다. 왜냐하면 그 순간들이 있었기에 너는 진짜 사랑이 어떤 것인지 알게 되었기 때문이다. 사랑은 쓰라릴 만큼 달콤했기에 더 깊이 남았다. ✱

사랑이 가장 아플 때

◇

사랑은 끝나지 않았는데
너는 멀어지고 있었다.
붙잡을 수 없다는 걸 알면서도
마음은 계속 그 자리에 머물렀다.
그게, 사랑이 가장 아픈 순간이었다.

그녀와의 대화는 잔잔한 바다 위를 걷는 듯한 기분이었다. 그녀의 목소리는 마치 해파리의 유영처럼 부드럽고 흐릿하게 번졌다. 그녀가 무심히 던지는 한마디조차도 너에게는 소중한 선물처럼 느껴졌다. 그러나 그날, 그녀의 말은 바늘처럼 가슴을 찔렀다.

-당신은 참 단순한 사람이네요.

단순하다는 말. 그녀는 가벼운 농담처럼 웃으며 말했지만, 그 말은 너의 마음속 깊은 층을 건드렸다. 단순하다는 말에 담긴 무시의 기운, 혹은 너의 복잡함을 이해하려 들지 않는 태도. 너는 묵묵히 웃었지만, 그날 이후 그 말이 자꾸만 마음속에서 반복되었다. 단순하다는 것은 단정함이 아니라, 너의 내면을 납작하게 펴버린 말 같았다.

 사랑은 어쩌다가 칭찬과 비난의 경계에서 무심히 균형을 잃는다. 아름답고 부드러워 보이는 감정이지만, 그 안에는 날카로움이 숨어 있다. 해파리의 독처럼, 아무런 악의도 없는 말 한마디가 상처를 남긴다. 그녀는 너에게 악의를 품지 않았다. 오히려 진심이었다. 하지만 그 진심은 때로 더 깊은 상처가 되었다.

 사랑이란, 결국 자신을 얼마나 열어 보일 수 있는가의 문제다. 너는 그녀 앞에서 네 마음의 이면까지 보여주었다고 생각했다. 너의 약점, 두려움, 어설픈 희망까지. 그러나 그녀는 가끔 그 모든 것을 '단순하다'는 말로 가볍게 덮어버렸다. 그것은 마치 한 폭의 그림 위에 흘러내린 물방울처럼, 너의 정성을 번지게 했다.

 그녀는 해파리처럼 부드럽고 투명했지만, 가까워질수록 보이지 않는 독침을 품고 있었다. 그 독은 그저 자신을 보호하기 위한 것이었을지도 모른다. 그녀도 두려웠을 것이다. 사랑이 무너질까 봐, 기대가 실망이 될까 봐. 그래서 말로 미리 선을 긋고, 마음을 지켰을 것이다.

 그러나 너는 그 칼끝에 찔렸다. '단순하다'는 말은 너의 복잡함과 고민, 그리고 그녀를 향한 섬세한 감정을 한순간에 무력하게 만들었다. 그런 말은 쉽게 잊히지 않는다. 겉으로는 웃고 넘겼지만, 속은 조용히 멍이 들었다.

 며칠 뒤, 너는 조심스럽게 물었다.

—그때 내가 단순하다고 했을 때, 그건 무슨 의미였어요?

그녀는 잠시 멈칫하더니 웃으며 말했다.

—그냥, 당신이 나와 있을 때 항상 편안하고 행복해 보여서. 복잡하게 생각하지 않고, 있는 그대로 사랑해 주는 느낌이 좋아서요.

그녀의 대답은 담백했고, 솔직했다. 하지만 너는 알았다. 그녀의 말은 진심이었지만 동시에 거리감이었다. 너는 그녀에게 복잡함을 보이지 않으려 애썼고, 그녀는 너를 단순하게 받아들이며 자신을 안심시켰다. 그것이 서로를 향한 배려였을까, 아니면 은근한 회피였을까.

사랑은 어떤 순간엔 위로이고, 또 어떤 순간엔 칼이다. 그것은 우리가 서로를 얼마나 정확히 보려 하느냐에 따라 달라진다. 너는 그녀를 이해하고 싶었지만, 그녀는 너의 깊이를 다 읽지 않았다. 그리고 그 어긋남은 아주 작은 말 속에서 스며들어, 천천히 마음을 갈라놓았다.

그날, 그녀와 해변을 걸었다. 물가에 떠 있는 해파리를 바라보며 말했다.

—사랑은 해파리 같아요. 겉은 예쁘고 맑지만, 가까이 다가가면 조심해야 하잖아요.

그녀는 고개를 끄덕이며 말했다.

—맞아요. 그래서 더 조심해서 아껴야 해요, 서로를.

그녀는 그날도 예뻤고, 말도 부드러웠다. 하지만 너는 알고 있었다. 사랑은 아름다워서 더 조심스러워야 하고, 진심일수록 더 아플 수 있다는 것을. 사랑의 칼끝은 말에서 비롯되었고, 그 말은 아직도 너의 가슴 어딘가에 날카롭게 남아 있었다. *

슬픔은 흔적처럼 남는다

◇

시간이 흘러도 사라지지 않는 것들이 있다.
그건 말보다 눈물보다 더 조용한 무언가였다.
잊었다고 믿었던 순간들이
어느 날 문득, 내 그림자처럼 따라왔다.
슬픔은 늘 그렇게 흔적처럼 남는다.

그녀는 웃었다. 환한 미소를 지으며 너를 바라보았다. 그 미소는 따뜻했고 밝았으며, 네가 처음 그녀를 좋아하게 만든 바로 그 표정이었다. 그러나 그날은 무언가 달랐다. 그녀의 미소 끝자락에는 말로 설명하기 어려운 묘한 슬픔이 묻어 있었다.

처음 그녀를 만났던 날이 떠올랐다. 그녀의 웃음은 해변에 조용히 스며드는 파도 같았다. 소란스럽지 않고 잔잔하게 네 마음을 적셔주었다. 그 미소의 따뜻함은 네가 오랜 시간 동안 기다려왔던 평온 그 자체였다. 그러나 지금 그녀의 웃음은 그날과 달랐다. 같은 모양인데, 다른 온도였다.

-괜찮아?

너는 조심스레 물었다.

그녀는 고개를 끄덕이며 한결 더 환한 미소를 지어 보였다.

-응, 괜찮아.

하지만 알 수 있었다. 그 말은 진심이 아니었다. 그녀의 미소는 단단한 껍데기처럼 보였다. 겉은 평온하지만, 그 안에는 무언가 삭이지 못한 감정이 담겨 있었다.

너는 그녀를 다그치고 싶지 않았다. 슬픔을 말로 꺼내는 일은 종종 그것을 더 선명하게 아프게 한다는 걸 알고 있었다. 그래서 기다리기로 했다. 미소 너머의 진심이 천천히 드러나기를. 사랑이란 결국 상대의 감정을 완전히 이해하려는 몸짓, 그 기다림 속에 머무는 일이 아닐까, 생각했다. 말하지 않아도 느끼고, 느꼈더라도 재촉하지 않는 것처럼.

며칠 뒤, 너는 불쑥 물었다.

-해파리 알지?

그녀는 고개를 갸웃하며 되물었다.

-왜 갑자기 해파리?

-해파리는 정말 부드러워 보이잖아. 투명하고, 예쁘고, 유려해. 그런데 그 안에는 아주 작은 독침이 숨어 있어. 겉으로는 아무렇지 않아 보여도, 가까이 다가가면 아릴 때가 있거든.

그녀는 말없이 너의 얼굴을 바라보다가, 조용히 물었다.

-내 미소도 그런 거야?

너는 고개를 끄덕이며 대답했다.

-가끔. 하지만 괜찮아. 나는 네가 어떤 마음으로 웃고 있는지 궁금

해. 말해주고 싶을 때까지 기다릴게.

그녀는 너의 손을 가만히 잡고, 네 어깨에 이마를 기댔다.

-사실은… 나도 말하고 싶었어. 그런데 어디서부터 시작해야 할지 모르겠더라.

그 순간 그녀의 미소는 처음 그날처럼, 진짜로 따뜻하고 투명하게 빛났다. 마치 파도에 떠다니던 해파리가 햇살 속에서 자신을 완전히 드러내는 순간처럼. 너는 그 미소가 진짜임을 알 수 있었다.

사랑, 그 내면에는 쉽게 보이지 않는 진실과 슬픔이 숨어 있다. 그녀의 미소는 그런 사랑의 일부였다. 겉으로는 웃음으로 보였지만, 그 안에는 말로 꺼내기 어려운 기억과 감정이 켜켜이 쌓여 있었다. 그 이야기를 억지로 들춰내려 하지 않고 천천히 기다릴 줄 아는 것. 그것이 너만의 방식이었다. 너의 사랑이었다.

-슬퍼도 괜찮아.

네가 말했다.

-내가 네 해파리가 되어 줄게. 부드럽지만 때로는 널 보호할 수 있는 그런 존재로.

그녀는 눈가에 맺힌 눈물을 닦으며 웃었다.

-고마워. 나 지금은… 말할 수 있을 것 같아.

그날, 너희는 서로의 깊이를 조금 더 이해하게 되었다. 말이 아니더라도 그 깊은 감정의 바닥에서 같은 물결이 흘러나온다는 걸 느낄 수 있었다. 그녀의 미소는 그제야 비로소 진정한 평온을 찾아 떠올랐다. *

가까이 있기에 더 필요한 거리

◇

우리는 서로를 너무 가까이 두려 했다.
숨결이 닿을 만큼 다가섰지만,
그만큼 더 자주, 더 깊이 상처 입었다.
가끔은 멀어짐이 우리를 지키는 일이 되기도 한다.
사랑은, 거리를 둘 줄 아는 용기에서 자라난다.

 그녀는 부드러운 사람이었다. 누구와도 다정하게 인사를 나누고, 작은 배려로 주위를 환하게 만드는 사람이었다. 하루가 무겁게 내려앉는 날이면, 그녀는 늘 네 옆에 앉아 조용히 말했다.

 -힘들면 말해도 돼. 내가 들어줄게.

 그녀의 목소리는 차분했고, 손길은 따뜻했다. 마치 평온한 바닷속을 유영하는 해파리처럼 투명하고, 부드럽고, 손끝에 닿는 감촉마저 온화했다. 너는 그런 그녀의 면면을 좋아했다. 그녀의 존재는 너의 거친 삶에 조용한 쉼표 하나를 찍어주었으니까.

하지만 어느 순간부터 그녀의 부드러움은 점점 무겁게 느껴지기 시작했다. 처음엔 작았던 걱정이 점차 커졌다. 너의 작은 한숨조차 그녀는 놓치지 않았고, 매 순간 너를 위로하려 애썼다.

-무슨 일 있어? 요즘 왜 이렇게 피곤해 보여? 나 때문이야? 내가 뭔가 잘못했어?

너는 애써 웃으며 고개를 저었다.

-아니야. 그냥 좀 바빴어.

하지만 그녀는 쉽게 안도하지 못했다. 오히려 더 자주 묻고, 더 자주 확인하려 했다. 그녀의 다정함은 너를 감싸는 듯했지만, 동시에 너의 자유를 조용히 옭아매고 있었다.

그녀는 네가 힘들어할까 봐 너의 일상 깊숙이 들어왔다. 네 일정을 확인하고, 놓친 일이 있으면 대신 챙겨주었다. 집에 돌아오면 주방 정리부터 책장의 먼지까지 그녀의 손길이 닿지 않은 곳이 없었다.

-나는 네가 조금이라도 덜 힘들었으면 좋겠어.

그녀의 말은 분명 진심이었다. 하지만 네 마음속엔 점점 묘한 부담이 쌓였다. 그녀의 다정함이 '사랑'이란 이름으로 포장된 의무처럼 느껴지기 시작했다. 네가 그 기대에 부응하지 못하면 실망하게 할까 봐, 그녀의 눈빛에 슬픔이 번질까 봐, 너는 자신을 스스로 점점 더 조이고 있었다.

어느 날 너는 조심스럽게 말했다.

-정말 고마워. 그런데 나 혼자 하고 싶은 것도 있어.

그녀는 그 말을 듣고 잠시 멈췄다. 하지만 이내 웃으며 말했다.

-알겠어. 근데 네가 힘들어 보이면 나도 마음이 아파서 그래.

그날 밤, 너는 오래전 바다를 떠올렸다. 부드러운 파도에 몸을 맡기며 떠다니던 그 기억. 하지만 파도가 계속 밀려오면 결국엔 발이 닿던 바닥을 잃고, 자신이 어디로 가는지도 모르게 된다. 그녀의 다정함이 너를 편안하게 해주는 대신, 네가 가야 할 방향을 흐리게 만들고 있었다.

너는 진심으로 그녀를 아꼈다. 그녀의 배려가 그녀만의 사랑 표현이라는 걸 알고 있었고, 그것이 그 자체로 소중하다는 것도 이해했다. 하지만 그녀가 너무 가까이 다가올수록 너희 사이의 경계는 모호해지고, 그 사랑은 점점 무겁게 느껴졌다.

너는 마침내 용기를 냈다.
-네가 나를 걱정해 주는 건 정말 고마워. 그런데 가끔은 나도 나 자신을 지켜내고 싶어. 네가 너무 많은 걸 대신해 주면 내가 점점 나약해지는 기분이 들어.
그녀는 잠시 고개를 숙였다. 그리고 천천히 네 눈을 바라보며 말했다.
-미안해. 돕고 싶었을 뿐인데… 오히려 내가 널 힘들게 했구나.

사랑은 부드럽고 아름다워 보이지만, 때로는 그 부드러움이 지나쳐 날카로운 자극이 되기도 한다. 그녀의 다정함과 너의 자립심은 다른 결을 가진 존재들이었지만, 서로를 이해하고 나서야 다시 부드럽게 흘러가기 시작했다. 너는 바다를 바라보며 생각했다. 해파리도 거리감을 유지할 때 가장 아름답게 빛난다는 것을. *

부드러움은 때로 속박이 된다

◇

내가 건넨 다정함이
언젠가 너에게 짐이 되었음을
오래 지나서야 알게 되었다.
사랑이라는 이름 아래,
우리는 서로를 조심스럽게 옥죄고 있었는지도 모른다.

그녀는 여전히 네 곁에 있었다. 하루가 시작되고 끝나는 모든 순간에. 그녀의 손길은 여전히 부드럽고, 그녀의 말은 따뜻했다. 그녀의 존재 자체가 너에게 위로였다. 처음엔 그랬다. 그녀의 웃음은 파도처럼 잔잔하게 다가왔고, 너를 감싸는 다정함은 해파리의 투명한 몸처럼 맑고 아름다웠다.

하지만 시간이 지날수록 너는 설명하기 어려운 묘한 압박감을 느끼기 시작했다. 그녀와 함께 있을 때마다 느껴지는 따뜻한 감촉 너머에, 어딘가 날카로운 감정이 숨어 있는 것 같았다.

그녀는 늘 걱정했다.

너의 어깨가 조금이라도 처져 보이면 그녀는 너를 붙잡고 물었다.

-요즘 무슨 일 있어? 나한테 말해줘.

그녀의 눈빛에는 진심이 담겨 있었고, 그녀는 너의 행복을 진심으로 바랐다. 하지만 그녀의 다정함은 점점 너를 조심스럽게 옭아매고 있었다. 해파리의 촉수처럼 그 감촉은 부드럽지만, 어느 순간엔 날카롭고 예민했다.

너는 그녀를 사랑했다. 그녀의 따뜻함이 진심이라는 것과 그 진심이 너에게 위로가 된다는 것도 알았다. 그러나 동시에, 그녀가 너무 가까이 다가오는 순간마다 너는 숨이 막히는 듯한 답답함을 느꼈다. 그녀의 관심이 너를 감싸는 동시에, 너를 가두고 있었다.

하루는 그녀와 함께 바닷가를 걸었다. 잔잔한 파도가 발끝을 적시고 있었다. 그녀는 너의 손을 꼭 잡고 있었다. 마치 너를 놓치지 않으려는 듯.

-이 바다를 보면 어떤 느낌이 들어?

너는 조용히 물었다. 그녀는 잠시 생각하더니 말했다.

-끝없이 넓고 평화로워 보여. 하지만 가끔은 이 바다가 너무 깊어서 조금 무서울 때도 있어.

너는 고개를 끄덕였다. 그녀의 대답 속에서 너 자신을 보는 듯했다. 그녀의 따뜻한 말과 행동은 위로가 되었지만, 그 깊이는 때로는 무거운 감정으로 다가왔다.

너는 문득 화가 프리다 칼로의 〈자화상〉을 떠올렸다. 그녀는 자신의 고통을 그대로 붓으로 옮겨 화폭에 담았다. 그림 속의 프리다는 눈을 감지 않는다. 슬픔도, 아픔도, 연인의 부재도 정면으로 바라본다. 그녀는 사랑했지만 동시에 고통받았고, 그 고통을 아름다움으로 전환했다. 너는 생각했다. 혹시 지금 너도 사랑이라는 이름 아래에서 자신을 스스로 억누르고 있는 건 아닐까?

　너는 그녀의 손을 살짝 놓았다.
　-나는 네가 참 좋아. 그런데 가끔은 네가 너무 가까워서 내가 내 자신을 잃어버릴까 봐 두려워.
　그녀는 잠시 멈칫했다. 너의 말을 되새기듯 조용히 머물렀다가, 고개를 끄덕였다.
　-나도 생각해 본 적 있어. 내가 너를 너무 조이는 건 아닐까 하고. 그냥 네가 힘들어할까 봐 계속 신경 쓰게 돼.
　-네 걱정이 고마워. 하지만 네가 조금만 거리를 두면, 내 힘으로 설 수 있을 것 같아. 그게 우리 둘 다 덜 지치는 방법일지도 몰라.
　그녀는 천천히 네 말에 귀 기울였다. 그리고 손끝에 닿던 따뜻한 온기를, 조금 밀리 두었다. 그 부드러움은 날카로움으로 변하지 않았고, 두 사람은 다시 파도처럼 자연스럽게 흘러가기 시작했다.

　너는 바다를 바라보며 생각했다. 마치 프랑스의 소설가 프루스트(Marcel Proust)가 『잃어버린 시간을 찾아서』에서 말했던 것처럼, 진짜 사랑은 서로의 일상에 스며드는 것만이 아니라, 서로의 자유를 인정하는 데서 시작되는 게 아닐까. 때론 거리감이 사랑을 더 지속시키는 힘이 된다. 프루스트는 사랑의 기억을 향수와 시간의 틈에서 발견했지만, 너는 지금의 시간 속에서 그 진실을 마주하고 있었다.

　해파리는 투명하고 부드럽다. 너를 감싸던 그녀의 사랑도 그랬다.

지나치게 가까워질 때마다 그 사랑은 날카로운 부담이 되었지만, 적당한 거리에서의 부드러움은 다시금 위안이 되었다. 너는 마지막으로 바다를 바라보며 생각했다. 사랑도 해파리와 같아. 가까이 있을 때의 아름다움이 있지만, 그 아름다움은 거리 속에서 더 빛나는 법이라는 걸. ✱

두려움 없는 사랑은 가능한가

◇

사랑 앞에서 나는 늘 조심스러웠다.
다가가는 순간에도, 손을 잡는 순간에도
언제나 떠날 가능성을 먼저 생각했다.
두려움 없이 사랑한다는 건
내게는 한 번도 허락되지 않은 용기였다.

너와 그녀는 한동안 서로를 바라보는 것만으로도 충분했다. 그녀의 미소는 너의 하루를 빛나게 했고, 너의 한마디는 그녀의 가슴을 따스하게 데웠다. 서로의 곁에 있을 때면 아무것도 필요 없어 보였다. 하지만 이렇듯 완벽한 순간에도 어쩐지 낯선 감정이 스며들고 있었다. 그 감정은 부드럽지만 서늘한 두려움이었다.

너의 마음속에서 이 두려움은 마치 바닷속 해파리처럼 맴돌고 있었다. 겉보기에 투명하고 아름다운 해파리처럼, 너희의 사랑도 순수하고 완전해 보였다. 그러나 해파리의 촉수 끝에 숨어 있는 독처럼, 가까움의 그늘 속에는 상처받을까 두려워하는 마음이 자라고 있었다.

너는 그녀와 가까워질수록 이상한 상상에 빠져들었다.
'만약 그녀가 더는 내 곁에 머물 수 없다고 말한다면?'
'지금의 평온이 너무 얇은 막처럼 덧없다면?'
그녀를 사랑할수록, 그녀 없이 사는 상상은 견딜 수 없는 일이 되었고, 그 상상은 곧 두려움이 되었다.

그녀 역시 마찬가지였다. 그녀는 너의 한결같은 모습을 좋아했지만, 가끔 네가 보이는 침묵이 불안했다. 혹시 네가 무언가를 숨기고 있는 건 아닐까? 그녀는 네가 자신에게서 멀어질까 봐 진심을 전하는 일조차 조심스러워졌다. 사랑을 믿으면서도, 그 사랑이 사라질 수도 있다는 가능성은 여전히 그녀를 불안하게 만들었다.

어느 날, 둘은 서우봉 아래 펼쳐진 함덕 해변을 함께 걸었다. 파도는 조용히 밀려왔고, 해변은 사람 없는 평화로움에 잠겨 있었다. 너는 손을 내밀었고, 그녀는 그 손을 가만히 잡았다. 그때, 너희는 바닷속에서 해파리를 보았다. 햇빛을 받아 은은히 반짝이며 유영하는 해파리. 그 모습은 두 사람의 관계를 닮아 있었다.
ㅡ이 해파리를 보면 생각난다. 우리도 저렇게 아름답지만⋯ 너무 가까워지면 상처를 줄까 봐 겁이 나.
너의 말에 그녀는 조용히 고개를 끄덕였다.
ㅡ상처가 무서워서 다가가지 않으면, 아무것도 느낄 수 없겠지. 대신 우리가 서로를 이해하려 노력한다면, 해파리처럼 아프게 하지 않고도 가까워질 수 있을 거야. 그녀의 말은 위로가 되었지만, 동시에 또 다른 질문을 떠올리게 했다. 과연 사랑이란, 두려움 없는 완전한 가까움일까? 아니면 두려움을 끌어안고서, 그 안에서 서로를 알아

가는 과정일까?

 그날 본 해파리는 깊은 물 속으로 사라졌고, 둘은 다시 손을 잡고 바닷가를 걸었다. 두려움은 여전히 마음속에 남아 있었지만, 이제 너희는 그 두려움을 사랑의 일부로 받아들이기로 했다. 서로를 상처 입힐 수 있는 존재임을 인정하는 순간, 진짜 신뢰가 싹트기 시작했다.

 그날 밤, 너는 그녀에게 말했다.
 -우리 둘 다 해파리처럼 때로는 날카롭겠지만 그래도 나는 네 곁에 있고 싶어. 네가 다가올 때마다 다치지 않도록 나도 더 조심할게.
 그녀는 조용히 미소 지었다.
 -나도 그래. 내가 다가갈 때도 상처 주지 않도록 조심할게. 하지만 우리, 너무 멀리 떨어지진 말자.

 너희의 사랑은 해파리처럼 섬세하고 투명했지만, 이제는 그 아름다움 속에 숨어 있는 날카로움을 이해하고, 감싸안을 줄 아는 사랑이 되었다. 두려움 없는 사랑이란 두려움을 없애는 게 아니라, 두려움 너머까지 사랑하는 것이라는 걸 너는 알게 되었다. *

사랑이 경계 위에 설 때

◇

사랑은 자꾸만 경계를 만든다.
너와 나 사이, 진심과 두려움 사이,
넘지 말아야 할 선을 그으며 가까워진다.
그 위에 선 우리는,
가장 가까이서 서로를 잃을 준비를 하고 있었다.

너는 그녀를 처음 본 순간부터 이상한 끌림을 느꼈다. 마치 깊고 맑은 바다 한가운데에서 갑자기 나타난 해파리처럼 그녀는 너의 시야를 온통 휘어잡았다. 그녀의 미소는 은은한 빛을 뿜어냈고, 말투는 바람에 실린 파도 소리처럼 부드럽게 너의 마음을 흔들었다.

하지만 그 끌림의 뒤에는 낯선 감정이 따라왔다. 바로 두려움이었다. 그녀와 가까워지고 싶은 마음과 동시에, 자신을 지키려는 본능이 교차했다. 해파리처럼 눈부시게 아름다운 존재일수록 그 속엔 알 수 없는 위험이 숨겨져 있다는걸 너는 본능적으로 느끼고 있었다.

그녀와의 만남은 매 순간 특별했다. 함께 걷는 길, 나누는 대화, 조용히 마주 앉아 있는 시간 모두가 너에겐 선물 같았다. 그녀와의 대화는 물 흐르듯 자연스러웠고, 웃음은 너를 평화롭게 했다. 하지만 그런 평화 속에서도 너는 자신의 마음이 얼마나 연약해졌는지를 자주 실감했다. 그녀의 말 한마디, 눈빛 하나에 마음이 휘청이는 자신을 발견하면서, 어쩌면 너는 그녀보다도 너 자신을 더 경계하고 있었는지도 모른다.

그녀는 해맑게 웃으며 말했다.
-너와 있으면 내가 바다 위를 떠다니는 것 같아.
너는 대답 대신 미소를 지었다. 그녀는 너를 자유롭게 만들었지만, 그 자유 속에는 어딘가 모를 불안이 함께했다. 가까이 다가올수록 더 많은 것을 기대하게 되고, 동시에 더 큰 상실의 가능성이 너를 옥죄었다.

너는 점점 그녀와 가까워질수록 놓지 못하고 있는 '선'을 느꼈다. 더 깊이 사랑하고 싶지만, 또 그만큼 다칠까 봐 조심스러웠다. 그녀의 눈빛 역시 때때로 애틋했지만, 아주 가끔은 멀리 떠 있는 듯한 느낌을 주었다. 마치 해파리처럼 투명한 막을 사이에 두고 서로를 바라보는 듯한 거리. 닿고 싶지만, 완전히 닿을 수 없는 경계처럼.

-우리는 왜 항상 이런 걸까? 서로를 좋아하면서도 뭔가를 경계하는 것 같아.
그녀가 어느 날 물었다. 너는 잠시 침묵하다가 말했다.
-아마 우리가 서로를 소중하게 생각하기 때문 아닐까. 너에게 상처 주고 싶지 않아서, 그리고 네가 나를 아프게 하지 않을까 봐… 그

래서 그런 것 같아.

그녀는 고개를 끄덕이며 말했다.

-그렇다면 우린 해파리 같네. 아름답지만 너무 가까이 다가가면 아플 수도 있는.

그 말은 너의 마음속에서 오래 울렸다. 사랑은 해파리 같았다. 유려한 곡선을 따라 흘러가는 감정의 흐름 속에서, 언젠가는 촉수에 닿을지도 모른다는 불안과 함께, 투명한 아름다움을 간직한 존재로서.

어느 날 너희는 바닷가를 걷다가 물가에 떠 있는 작은 해파리를 보았다. 햇빛을 받아 은은하게 빛나는 해파리. 너는 손을 뻗고 싶었지만, 멈칫했다.

그녀가 말했다.

-가까이 다가가면 다칠 수 있겠지. 하지만… 멀리서만 바라보면 아무것도 못 느끼잖아.

너는 고개를 끄덕였다. 그녀의 말은 단순한 진실이자, 너희 사랑의 핵심이었다. 두려움과 경계는 사랑의 일부일 수 있다. 사랑이란 감정에 단순히 빠져드는 것이 아니라, 그 감정 속에서도 서로를 존중하며 적당한 거리와 예민한 감각으로 균형을 찾아가는 일일지도 모른다.

너는 그녀를 향해 손을 뻗었고 그녀는 네 손을 잡았다. 두 사람은 해파리처럼 섬세하게 떠다니는 관계 속에서 자신들만의 리듬과 방식으로 사랑의 바다를 항해하고 있었다. 서로의 날카로움을 의식하면서도 그 속에서 더 깊은 이해를 찾아가기로 했다.

그리고 어느 날부터 너는 혼자 해변을 걷기 시작했다. 그녀 없이 걷는 길에서 처음으로 사랑 속의 '거리감'을 두려움이 아니라 성장의 가능성으로 받아들이게 되었다. 혼자의 시간은 비어 있음이 아니라, 사랑을 더 넓게 품을 수 있게 해주는 준비의 시간이었다. 함께 하는 데 필요한 건 때때로 혼자의 여정임을, 너는 천천히 배우고 있었다. *

진실은 언제나 날카롭다

◇

감추려 했던 말보다
끝내 꺼내버린 진실이 더 아팠다.
진실은 늘 가장 깊은 곳을 찌르고,
우리가 견뎌야 할 현실을 드러낸다.
그 순간, 사랑은 더 이상 숨을 곳이 없었다.

　

그녀의 손길은 여전히 부드러웠다. 처음 손을 잡았던 순간, 마치 잔잔한 바다의 얕은 수면 아래서 천천히 퍼져가는 햇살을 느끼는 듯했다. 그녀의 손끝에서 전해지는 온기는 세상의 단단한 모서리들을 일시적으로 둥글게 만들어주었다. 그녀와 함께 있는 동안, 세상이 해질 녘의 노을처럼 잔잔하고 따스하다고 믿었다.

그러나 너는 점차 알아차리기 시작했다. 그녀의 다정한 말투와 잔잔한 웃음 속에서 점점 선명해지는 어떤 그림자를 발견했다.
그녀는 어느 날, 조용히 말했다.
-너와 있으면 시간이 멈춘 것 같아. 그런데도 가끔 무서워져.
-무엇이 무서워?

너는 조심스럽게 물었다. 그녀는 대답하지 못하고 고개를 떨구었다.

-그냥… 이 모든 게 언젠가 사라질까 봐.

그 순간 너는 문득, 버지니아 울프(Adeline Virginia Stephen Woolf)가 『등대로』에서 그린 한 장면을 떠올렸다. 소설 속 인물들은 서로를 사랑하면서도, 끝내 닿지 못한 채 유리 벽을 사이에 둔 듯 엇갈린다. 사랑이란 감정이 완전히 통합되지 못하는 이유는, 각자가 지닌 진실이 너무나 다르기 때문이다. 그 진실은 말로 꺼내기 어려운 불안, 상처, 과거의 그림자들로 이루어져 있다.

그녀와 함께 바닷가를 걷던 어느 날, 너는 모래 위에 떠밀려온 작은 해파리를 발견했다. 반투명한 몸체가 햇빛에 반사되어 무지갯빛을 띠었다.

-참 예쁘다.

그녀가 말했다.

-그런데 가까이 다가가면 아프겠지?

너는 고개를 끄덕이며 말했다.

-그럴지도 몰라. 하지만 보면 알잖아. 저 해파리도 그냥 여기까지 떠밀려온 거야. 자기 의지도 아니었을 거야.

그녀는 너의 말을 조심스레 듣고는 천천히 말했다.

-우리 사랑도 그런 것 같아. 서로를 향해 조심스럽게 다가가지만, 그 안엔 아픔도 있고 상처도 있을 수 있잖아. 그래도 멀리서만 보면 아무것도 느낄 수 없어.

그녀는 언제나 그렇게, 부드러운 말 속에 날카로운 진실을 품고 있었다. 너는 그녀의 말과 눈빛, 때로는 침묵 속에서조차 자신이 얼마나 이 관계에 취약한지를 실감했다. 그녀는 너에게 네 안의 연약함과 두려움을 인정하게 했다. 사랑이란 결국, 서로가 지닌 결핍과 불안을 감싸안는 일이라는 것을.

멕시코의 초현실주의 화가 프리다 칼로는 '나는 당신을 사랑한 것이 아니라, 나의 고통으로 당신을 껴안은 것'이라고 말했다. 그녀의 말은 너의 현재를 꿰뚫는 듯했다. 그녀와의 사랑은 완벽하지 않았지만, 그 불완전함 속에서 너는 오히려 더 깊은 유대를 느꼈다. 너희는 서로의 고통을 부드럽게 감싸며 날카로운 진실들을 직면해 나갔다.

해파리는 바다의 유영자다. 투명한 아름다움 속에 독성을 품고 있지만, 그것은 생존을 위한 본능일 뿐이다. 사람은 누구나 자기만의 촉수를 지닌 채, 상처받지 않기 위해 방어적일 수밖에 없다. 그러나 진정한 사랑은 그 촉수를 무조건 피하는 것이 아니라, 그것이 존재함을 인정하고 서로를 다치지 않도록 조심스럽게 다가가는 일이다.

너는 이제 그녀의 손을 다시 잡는다. 그녀의 손은 여전히 부드럽지만, 너는 그 안에 숨은 날카로움을 안다. 그것이 너를 멀어지게 하지는 않는다. 오히려 그 진실을 품은 손이기에 너는 더욱 조심스럽게, 더욱 성숙하게 그녀의 곁에 머무른다.

그녀는 진실을 숨기지 않았다. 그리고 너는 이제 그 진실을 두려워하지 않는다. 너희는 서로를 다치게 하지 않으려고 애쓰면서도, 동시에 진실을 외면하지 않는 방식을 배워갔다. 그 모든 것이 너희를 진짜 사랑으로 이끈 증거였다. ✱

마음속 깊은 곳에서 흔들리는 것

◇

표면은 고요했지만
그 아래엔 말없이 흔들리는 것들이 있었다.
작은 기억 하나가, 오래 감춘 감정을 건드리면
사랑은 다시 방향을 잃는다.
흔들림은 늘 마음의 가장 깊은 곳에서 시작된다.

그녀는 늘 따뜻했다. 그녀와 함께 있는 시간은 마치 겨울 끝자락의 햇살 같았다. 차가운 마음을 부드럽게 녹이며, 조심스레 어깨 위로 내려앉는 그 따뜻함은 마치 오랜 기다림 끝에 도착한 평온과도 같았다. 그녀의 말은 겨울밤 덮는 담요처럼 너를 감쌌고, 그녀의 손길은 봄의 숨결처럼 다정했다. 하지만 담요 아래에는 때때로 거칠고 예리한 실밥 하나가 숨어 있듯, 그녀의 따뜻함 속에도 알 수 없는 가시가 들어 있었다.

그 찔림을 처음 느낀 날은 둘이 여행길에 올랐을 때였다. 바다를 향해 달리던 차 안에서 그녀는 창밖을 바라보며 말했다.
-너랑 있으면 정말 좋아. 그런데….

그 말의 끝이 공중에 오래 머물렀다. 너는 조용히 물었다.
-그런데 뭐?
그녀는 잠시 침묵하더니 망설이며 말했다.
-가끔은 네가 너무 완벽해지려고 해서 그게 나를 힘들게 해.

그 말은 잔잔한 수면 위에 돌 하나가 툭 떨어지듯, 너의 마음속에 작은 파동을 일으켰다. 사랑이란 결국 서로를 비추는 거울이다. 그녀의 말은 너의 내면을 고요히 들여다보게 했다. 어쩌면 너는 사랑받기 위해 항상 노력하고 있었는지도 몰랐다. 상처받지 않기 위해 너는 늘 최선의 너로 남고자 했다.

프랑스 시인 폴 발레리가 '바다는 끊임없이 시작하는 존재'라고 말했듯, 해파리도 그 속에서 조용히 유영하며 매 순간 새로움을 만든다. 하지만 그 부드러움 속엔 늘 촉수 하나가 감춰져 있다. 아름다움과 위험, 따뜻함과 상처가 공존하는 존재, 마치 해파리처럼.

그녀는 너에게 위안이었다. 그녀의 미소는 너를 고요하게 했고, 그녀의 침묵은 때론 너에게 더 많은 말을 건네주었다. 하지만 그녀가 남긴 그 한마디는 너를 각성시켰다. 따뜻한 사랑 속에도 부담과 불안이 깃들 수 있다는 것. 마치 포근한 담요 아래 숨어 있는 작은 바늘처럼, 그녀의 진심은 너를 찌르며 동시에 껴안았다.

며칠 후, 너는 그녀에게 말했다.
-그날 네 말, 계속 생각했어. 완벽해지려 했던 게 너한테는 부담이었을 수도 있겠다는 생각이 들었어.

그녀는 고개를 끄덕이며 조용히 말했다.

-사랑은 그런 것 같아. 서로를 따뜻하게 감싸안고 싶지만, 가끔은 나도 모르게 가시가 될 때가 있듯이.

다시 바닷가를 찾은 어느 오후, 너희는 나란히 앉아 바다를 바라보았다. 물가에 해파리 한 마리가 떠밀려왔다. 너는 말했다.

-저 해파리 봐, 얼마나 부드럽고 아름다운지.

그녀는 고개를 끄덕이며 중얼거렸다.

-그 안에도 촉수가 있겠지. 예쁘지만, 조심해야 하는. 사랑도 그렇지 않을까?

너는 말했다.

-겉으론 따뜻하고 부드럽지만, 가까워질수록 작은 찔림도 생기잖아. 하지만 그 아픔까지 사랑의 일부라면, 우리도 그걸 안고 가야 하지 않을까?

그녀는 그 말을 들은 뒤, 잠시 생각하다 조용히 네 손을 잡았다.

-맞아. 우린 서로를 감쌀 담요이기도 하고, 가시이기도 해. 하지만 그 두 가지가 함께 있기에 진짜 사랑이 되는 거 아닐까?

그 순간, 네 마음속에 다시 조용한 파동이 일었다. 그녀의 따뜻함은 여전했지만, 이제 너는 그 온기가 단순한 위안이 아닌 진실을 담은 온기임을 이해했다. 사랑은 단순히 부드럽기만 한 감정이 아니었다. 그것은 상처를 피하는 것이 아니라, 그 상처를 이해하고 받아들이는 용기였다. *

사랑이 아픔을 동반하는 이유

◇

사랑은 따뜻했지만 늘 어딘가 날카로웠다.
그날의 웃음과 함께 따라온 눈물처럼
기쁨의 끝자락엔 늘 아픔이 숨어 있었다.
우리는 왜 사랑하면서도 상처받는 걸까.
그 물음이, 끝내 나를 더 깊이 사랑하게 만들었다.

그녀와 함께한 시간은 잔잔한 파도가 밀려오는 해변 같았다. 따사로운 햇살 아래 투명하게 빛나던 순간들이 물처럼 스쳐 지나갔다. 그녀는 언제나 부드러웠다. 바람에 흔들리는 해초처럼 유연했고, 조용히 곁에 서서 세상을 바라보는 그녀의 눈빛은 깊고도 고요했다. 그녀의 목소리는 바다의 숨결처럼 달콤했으며 손길은 체온을 나누듯 따뜻했다. 그러나 그녀와의 사랑은 그 온기만으로 가득한 것이 아니었다.

그 여름, 처음 바닷가를 걸었던 기억이 떠오른다. 너희는 파도가 밀려오는 모래사장에 있었다. 그녀가 말했다.
-사랑은 해파리 같지 않아?
너는 고개를 갸웃했다.

-투명하고 부드럽고, 아름다워. 하지만 잘못 닿으면 아프잖아.
　그녀의 말은 그때는 파도처럼 스쳐 갔지만, 시간이 흐르자 가슴 깊숙이 스며들기 시작했다. 너는 조금씩 이해하게 됐다. 사랑은 아름다우면서도 때로는 아픈 것이라는 것을.

　그녀는 감정을 숨기지 않는 사람이었다. 진심을 말했고, 그것은 때로 너의 마음을 따뜻하게 어루만졌으며 때로는 조용한 통증을 남겼다. 그녀의 말은 마치 해파리의 촉수 같았다. 부드럽게 감싸다가도 갑작스레 마음을 찌르는 아픔을 안겼다.

　어느 날 밤, 그녀가 조용히 말했다.
　-가끔은 네가 너무 멀게 느껴져. 아무리 다가가도 네 마음의 깊은 곳엔 닿지 못하는 기분이야.
　너는 놀랐다. 그녀는 늘 네 안에 깊이 자리한 사람이라 여겼기에. 그녀의 말은 부드러운 속삭임 같았지만, 그 안엔 날 선 진실이 있었다. 너는 처음으로 깨달았다. 사랑은 따뜻함만으로 완성되지 않는다는 것을. 그 속엔 이해하지 못했던 외로움과 다가가지 못한 거리감이 있었다.

　몇 달 뒤, 둘은 깊은 다툼을 겪었다. 그녀는 너의 무심함에 상처를 입었고 너는 그녀의 기대에 짓눌렸다. 감정이 무너져 내리는 순간 그녀는 눈물 속에서 말했다.
　-내가 너를 너무 사랑한 게 잘못이었을까?
　그녀의 말은 가시처럼 날카로웠지만, 품속의 체온만은 여전히 따뜻했다. 너는 그녀를 조용히 안았다. 그 순간 너는 알았다. 이 사랑은 단지 달콤함이 아닌, 고통까지도 포용해야 하는 것이라는 것을. 해파리처럼 투명하고 아름다우면서도 아픔을 동반하는 존재. 그녀는 그런 사람이었다.

사랑은 때로 성장을 위한 통증을 남긴다. 파도가 모래사장을 부드럽게 덮으면서도, 모래알을 조금씩 갈아내듯. 해파리도 유영하며 아름다움을 남기지만, 무심한 손길에는 상처로 반응한다. 그 안에 숨어 있는 진실. 그것이 너희의 사랑이었다.

마지막으로 함께 바닷가를 걸었던 날, 그녀는 조용히 말했다.
-우리는 서로에게 상처를 주기도 하고, 또 치유해 주기도 해. 그게 사랑 아닐까?
그 말은 파도처럼 가슴에 와닿았고, 여전히 네 안에 머물러 있다. 완벽하지 않았던 그녀와의 나날들, 때로는 가시였고 때로는 담요 같았던 사랑. 그 모든 것 부드러움과 날카로움이 지금의 너를 만들었다.

그녀가 떠난 후에도 그녀는 네 안에 남아 있다. 해파리처럼 투명하고 유려했던 기억들, 그 속에 숨겨졌던 아픔까지도. 그녀는 사랑의 또 다른 얼굴을 보여주었다.

그리고 그 사랑은 아직도 너의 마음속에서 잔잔하게 흐르고 있다. *

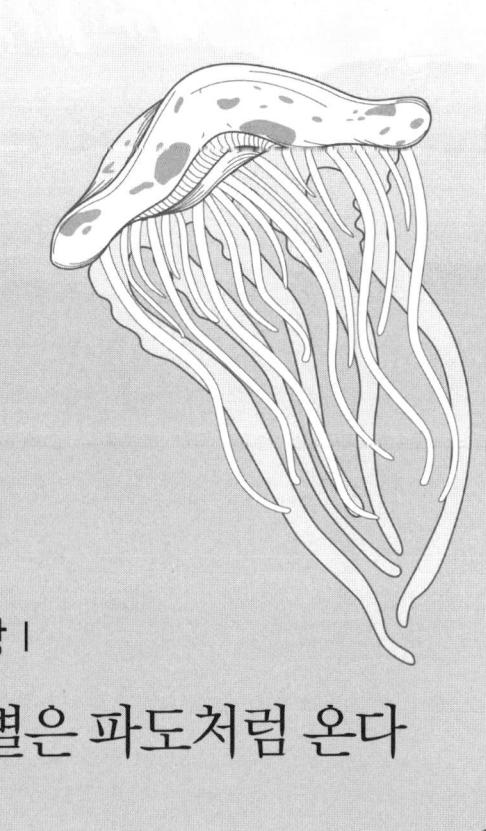

| 4장 |

이별은 파도처럼 온다

사랑은 늘 두 얼굴을 지녔다
치명적인 끌림과 스미는 상처

위로는 집착이 되기도 하고
확신은 불안을 품기도 한다

가장 아픈 자리에서 피어난 꽃 한 송이
그 모순 위에서 우리는 사랑을 배운다

사라진 퍼즐 조각을 사랑하다

◇

완성되지 못한 퍼즐처럼
우리의 사랑도 한 조각이 비어 있었다.
사라진 그 조각을 낯하기보다
나는 여전히 그것을 사랑했다.
사랑은, 채워지지 않아도 아름다울 수 있다.

사랑은 해파리, 그 투명한 존재를 보는 순간 아름다움에 매료되지만, 그것을 품으려 하면 어김없이 아픔이 찾아온다. 그러나 우리는 그 고통을 알면서도 여전히 사랑에 빠지고 만다. 이 달콤한 독의 중독성은 세상을 살아가는 모든 이들에게 강렬하게 다가오며, 때로는 비극으로, 때로는 희망으로 남는다.

사랑에 빠진다는 것은 마치 익숙한 길을 걷다가 갑자기 낯선 향기를 맡는 것과도 같다. 그 향기에 이끌려 발길을 돌리다 보면 익숙했던 세상은 점점 멀어지고, 눈앞에는 황홀한 색깔로 빛나는 세상이 펼쳐진다. 그 순간만큼은 그 빛깔이 삶을 전부 삼켜버릴 것처럼 강렬하다. 하지만 그 빛이 너무 강렬할 때, 그 안에 스며든 독소를 알아차리기는 쉽지 않다.

할리우드의 유명 배우 리처드 버턴(Richard Burton)과 엘리자베스 테일러(Elizabeth Taylor)가 떠오른다. 그들의 사랑은 세기의 로맨스로 불릴 만큼 강렬했고, 수없이 많은 사람이 동경한 사랑이었다. 하지만 그 강렬함은 결국 서로를 두 번의 결혼과 두 번의 이혼으로 이끌었다. 테일러는 인터뷰에서 이렇게 말했다.

"리처드와의 사랑은 불과 물 같았다. 우리는 서로를 끌어당겼지만, 동시에 서로를 태우고 말았다."

그들의 사랑은 달콤하면서도 독을 품고 있었다. 하지만 아이러니하게도 그 고통조차 사랑의 일부로 느껴졌기에 그들은 다시 서로를 찾았다. 결국 이 사랑의 독은 그들을 다시금 가깝게 때로는 멀게 만들며 그들의 인생에 깊은 흔적을 남겼다.

너와 그녀의 이야기에서도 이와 비슷하다. 그녀는 마치 리처드 버턴과 엘리자베스 테일러처럼 너에게 치명적인 존재였다. 그녀의 웃음소리, 그녀의 손끝에 머무는 부드러운 손길, 그리고 그녀의 단어 하나하나는 너를 단숨에 중독시켰다. 그녀는 너에게 감정의 바다 위에 떠 있는 찬란하고 위태로운 존재였다.

그녀와의 사랑은 처음엔 순수했다. 네가 그녀를 처음 만났을 때 그녀는 마치 바닷속에서 은은히 빛나는 해파리 같았다. 네가 그녀를 깊이 알기 전에는 그 아름다움에 매료되었다. 그러나 시간이 흐를수록 그녀와의 관계는 달콤함 뒤에 감춰진 독을 서서히 드러내기 시작했다.

그녀는 때로는 너를 너무도 달콤한 말로 속박했다.

-넌 나 없이 살 수 없을 거야.

그녀의 말은 사실이었다. 너는 그녀에게 점점 더 의존하게 되었다. 그녀 없이는 하루를 온전히 살아내기가 어려웠다. 그녀와 함께하는 시간은 마치 꿈처럼 달콤했지만, 그녀가 떠난 뒤 남겨진 공허함은 한없이 쓰라렸다.

너는 때로 자신에게 질문했다. 이 사랑이 정말 나를 위한 걸까? 아니면 나를 점점 갉아먹고 있는 걸까? 하지만 이미 그녀의 사랑에 깊이 빠져버린 너는 그 질문에 답을 내릴 용기가 없었다. 이 사랑의 본질은 달콤함과 고통의 공존이었다. 그녀가 남긴 행복한 기억들은 마치 바다 위로 쏟아지는 달빛처럼 아름다웠다. 그러나 그녀의 부재는 마치 해파리의 독에 찔린 듯한 날카로운 고통을 동반했다.

엘리자베스 테일러와 리처드 버턴의 이야기를 생각하며 너는 자신과 그녀의 사랑을 떠올렸다. 그들처럼 너는 그녀에게 깊이 중독되었고, 그 독이 그의 인생을 망가뜨릴 수도 있다는 것을 알았다. 그러나 너는 결국 이 사랑을 받아들였다. 사랑은 아름다움과 고통을 동시에 품고 있는 존재라는 것을 깨달았다.

그녀와의 사랑은 여전히 너에게 고통과 행복을 동시에 안겨준다. 너는 해파리처럼 투명한 그녀의 존재를 다시는 잡을 수 없을지라도, 그녀가 남긴 달콤한 독은 너의 마음속에서 여전히 흐르고 있다. 그리고 너는 그 독조차도 사랑의 일부로 간직하기로 했다. *

상처에 피는 사랑

◇

사랑은 가끔 상처 위에 뿌리내린다.
아물지 않은 마음 가장자리에
조심스럽게 피어난 감정은
아프면서도 따뜻했다.
그렇게 우리는 상처 속에서 서로를 알아갔다.

　사랑은 우리를 한없이 부드럽고 따뜻한 세계로 초대한다. 그 사랑은 처음엔 투명하고 순수하며 부드럽기만 하다. 하지만 해파리가 아름다운 모습 뒤에 보이지 않는 독침을 품고 있는 것처럼, 사랑 역시 때로는 우리를 날카롭게 찌르기도 한다.

　사랑은 부드럽고 달콤한 감정처럼 시작되지만, 그 속에는 숨겨진 가시가 있다. 그 가시는 처음엔 보이지 않는다. 손을 내밀고 서로의 마음을 감싸안으며 깊이 연결되기 시작하면, 그제야 그 가시는 천천히 드러난다. 사랑의 표면 아래 숨겨져 있던 날카로운 모서리들이 나타날 때, 우리는 비로소 사랑이 단순히 행복만을 주는 것이 아님을 깨닫는다.

작가 헤밍웨이(Ernest Miller Hemingway)와 그의 네 번째 아내 메리 웰시(Mary Welsh Hemingway)를 떠올려본다. 그들의 사랑은 열정적이었다. 메리는 헤밍웨이를 존경하고 사랑했으며, 헤밍웨이는 메리를 자신의 뮤즈로 여겼다. 하지만 그들 사이의 애정은 깊은 갈등과 상처를 동반했다. 헤밍웨이의 거친 성격과 자기 파괴적 행동은 메리의 마음에 많은 상처를 남겼다. 그러나 그녀는 헤밍웨이를 떠날 수 없었다. 헤밍웨이는 메리에게 있어 독침을 품은 해파리와 같았고, 그녀는 그 고통을 견디며 헤밍웨이와의 사랑을 이어갔다.

그러나 어느 순간부터 그녀는 부드러움 뒤에 숨겨진 가시를 드러내기 시작했다. 작은 말투의 변화, 미묘한 표정의 어색함, 그리고 가끔 던지는 날카로운 한마디가 그의 마음에 상처를 남겼다. 너는 처음엔 그것을 이해하려 노력했다. 사랑에는 항상 약간의 불편함이 있는 법이지라며 자신을 위로했다. 하지만 그녀의 말이 점점 그의 마음을 깊이 찌르기 시작했을 때, 너는 혼란에 빠졌다.
-너는 왜 항상 그렇게 예민해?
그녀가 무심코 던진 이 말은 너의 가슴을 후벼팠다. 예민함은 너의 성격 일부였고, 너는 그것을 고치려 노력했지만, 그녀의 말은 마치 너의 존재 자체를 부정하는 것처럼 들렸다. 너는 그녀의 부드러운 목소리 속에서 날카로운 가시를 발견했다.

그녀와 함께 있던 시간은 해파리와의 춤과 같았다. 가까이 다가가면 그녀는 너를 감싸안았고, 진 독침이 너를 찔렀다. 그녀는 자신의 감정을 완전히 솔직히 드러내지 않았다. 그 부드러움 그 포근함은 너를 사랑의 환상 속으로 이끌었다. 그러나 가까워질수록 그녀의 감정 속에는 늘 조심스러운 거리감이 숨어 있었고, 그 거리감이 너를 더욱 아프게 했다.

　헤밍웨이와 메리 웰시처럼, 너와 그녀의 사랑도 가시를 품고 있었다. 너는 그녀를 떠날 수 없었고, 그녀 역시 너를 붙잡았다. 그들은 서로에게 상처를 주면서도, 그 상처 속에서 다시금 사랑을 확인했다. 헤밍웨이의 메리가 그랬던 것처럼 너는 그녀가 남긴 상처를 받아들이기로 했다.

　사랑은 그렇게 우리의 삶 속에서 아름다운 동시에 고통스러운 존재로 남는다. 해파리의 가시는 그 자체로 생존의 도구다. 사랑이 남기는 상처 역시 때로는 우리를 더 강하게 만드는 경험으로 남는다. 너는 그녀의 부드러운 말투 속에서 숨겨진 가시에 찔릴 때마다 자신을 돌아보았다. 그녀와의 관계에서 자신이 부족했던 부분을 발견했고, 그녀를 더 깊이 이해하려 애썼다.

　그녀와의 관계가 끝난 후에도, 너는 그녀의 말 한마디 한마디를 되씹으며 밤을 지새웠다. 그녀가 떠난 뒤에도 너의 마음속에는 여전히 그녀가 남긴 가시가 박혀 있었다. 하지만 너는 그 가시를 완전히 제거하려 하지 않았다. 그 고통조차도 그녀와의 사랑의 일부였기에, 너는 그것을 소중히 간직하려 했다.

　사랑은 완벽하지 않다. 그것은 아름다움과 상처, 부드러움과 날카로움이 공존하는 복잡한 감정이다. 해파리의 독침처럼, 사랑의 상처는 때로 우리를 아프게 하지만, 그 아픔 속에서 우리는 사랑의 진정한 의미를 깨닫게 된다. 그녀가 남긴 가시는 여전히 너의 마음속에서 흔들리고 있었지만, 너는 그 고통 속에서 그녀와의 사랑을 기억하며 살아가고 있었다. ✽

흔들리는 마음 위의 사랑

◇

불안정한 마음 위에 사랑이 내려앉았다.
조심스러운 숨결처럼
가볍지만 깊게 스며들던 감정은
언제든 무너질 수 있다는 걸 알면서도
끝내, 서로를 향해 기울고 있었다.

사랑은 그 자체로 역설이다. 마치 바닷속에서 유려한 곡선을 그리며 떠다니는 해파리처럼, 사랑은 우리의 눈을 매혹하고 마음을 사로잡는다. 하지만 해파리의 몸에 숨겨진 보이지 않는 독처럼, 사랑의 아름다움도 때로는 우리를 예기치 못한 함정으로 이끈다.

전설적인 배우 리처드 버턴과 엘리자베스 테일러의 사랑에서 배운다. 이 두 사람의 관계는 그야말로 사랑의 역설을 보여준다. 그들은 서로를 사랑했고, 누구보다도 서로에게 강하게 끌렸다. 그러나 그들의 사랑은 서로를 파괴하면서도 동시에 더욱 깊은 결속으로 이어지는 묘한 악순환을 반복했다. 두 번의 결혼과 두 번의 이혼을 통해, 그들은 사랑이 얼마나 아름다우면서도 동시에 얼마나 파괴적일 수 있는지 보여주었다. 한눈에 아름답고 우아해 보이지만, 가까이 다가가면 그 독이 가슴을 찌르는 해파리처럼 그들의 사랑도 찬란함 속의 고통을 숨기고 있었다.

너와 그녀의 사랑 역시 비슷했다. 너는 처음 그녀를 보았을 때부터 그 눈부신 아름다움에 사로잡혔다. 그녀의 웃음은 투명한 파도처럼 맑았고, 그녀의 말은 깊은 바다처럼 너를 끌어당겼다. 그녀의 존재는 너의 삶에 환희를 가져다주는 동시에 알 수 없는 긴장감을 심어주었다.

처음엔 모든 것이 완벽해 보였다. 그녀와 함께 있는 시간은 해변에서 해파리의 우아한 춤을 감상하는 것처럼 평온하고 황홀했다. 그러나 사랑이 깊어질수록, 그녀의 아름다움 속에는 미묘한 함정이 숨어 있다는 것을 깨닫게 되었다. 그녀의 한없이 부드러운 손길은 때로 그의 마음에 날카로운 찔림을 남겼다.

그녀의 다정한 말투는 네가 믿고 있던 확신조차 흔들어 놓았다.
-넌 너무 나를 사랑하는 것 같아.
그녀가 무심히 내뱉은 이 말은 너의 가슴에 독처럼 박혔다. 너는 그녀의 아름다움에 취해 모든 것을 바쳤지만, 그녀의 말 속에는 너를 감싸는 포근함과 동시에 밀어내는 차가움이 공존하고 있었다. 너는 그녀를 이해하려 했지만, 그녀의 아름다움 속에 숨겨진 진실을 완전히 파악할 수는 없었다.

리처드 버턴과 엘리자베스 테일러처럼 너와 그녀도 서로를 사랑하면서도 상처를 주고받았다. 그녀의 아름다움은 너에게 행복을 주었지만, 동시에 너를 불안과 혼란으로 몰아넣었다. 그녀와 함께 있는 순간은 마치 해파리의 춤을 따라 물속으로 더 깊이 빠져드는 것 같았다. 더 깊이 들어갈수록 숨이 차올랐고, 끝을 알 수 없는 바다에 스스로 맡겨야 하는 두려움이 너를 엄습했다.

사랑은 흔히 이렇게 역설적이다. 사랑이 우리에게 줄 수 있는 가장 아름다운 선물은 때로 가장 큰 고통을 동반한다. 해파리의 독이 본능적인 방어기제인 것처럼, 사랑의 아름다움 속에 숨겨진 함정도 우리가 더 깊이 자신을 들여다보고 상대를 이해하기 위한 과정일지도 모른다.

너는 그녀의 함정에서 완전히 벗어나지 못했다. 그녀는 너에게 상처를 주었지만, 그 상처는 사랑의 흔적으로 남아 있었다. 그녀의 아름다움은 너의 마음속에서 여전히 반짝였다. 그것은 너를 아프게 했지만, 동시에 사랑의 의미를 가르쳐주었다.

사랑은 해파리처럼 우리를 매혹하고 때로는 독으로 찌른다. 그러나 그 모든 역설 속에서 우리는 사랑이 무엇인지 조금씩 깨닫는다. 사랑은 단순히 아름다움이나 기쁨만이 아니라, 그 속에 감춰진 고통과 혼란까지도 포함한 복합적인 감정이다. 너는 그녀를 통해 그 진실을 배웠고, 그 역설 속에서 사랑의 진정한 가치를 찾으려 애썼다. ✱

사랑은 외로움의 반쪽일까

◇

외로움이 먼저였다.
사랑은 그 외로움을 감싸안은 듯 다가왔다.
함께 있어도 텅 빈 마음은
어쩌면 누군가를 사랑하기 위해 태어난 공백이었을까.
사랑은, 외로움의 반쪽을 데려와 나를 완성해 주었다.

사랑은 마치 불빛에 모여드는 나방 같다. 빛을 향해 날아오르며 따뜻함을 느끼고 희망을 품지만, 그 불빛이 더 가까워질수록 위험도 함께 도사리고 있음을 깨닫지 못한다. 치명적인 매력을 가진 사랑 역시 그렇다. 처음엔 황홀하게 다가오지만, 어느 순간 그 매력은 우리를 시험하고, 때로는 아프게 한다.

해변에서 바라보는 해파리는 그 자체로 자연이 빚어낸 예술 작품처럼 보인다. 투명한 몸체에 물결처럼 움직이는 긴 촉수는 보는 이를 한없이 매혹하지만, 그 매력 속에는 쉽게 잊을 수 없는 고통을 남길 수 있는 독이 숨어 있다. 사랑도 마찬가지, 사람의 마음을 사로잡는 치명적인 매력은 그 매력에 다가갈수록 위험을 안게 된다.

처음 만났을 때, 그녀의 존재는 흠잡을 데 없이 완벽해 보였다. 긴 머리칼이 바람에 흩날릴 때마다 그 안에 숨겨진 이야기들을 읽고 싶었다. 그녀의 웃음소리는 마치 파도가 하얀 물거품을 만들어내는 순간처럼 투명하고 청량했다. 그러나 시간이 지날수록 그녀의 매력 속에는 네가 미처 예상하지 못한 날카로운 위험이 숨어 있다는 것을 깨닫게 되었다.

마릴린 먼로(Marilyn Monroe)와 아서 밀러(Arthur Asher Miller)의 사랑 이야기는 사랑이 얼마나 치명적일 수 있는지 보여주는 대표적인 사례다. 할리우드의 영원한 아이콘 마릴린 먼로는 전 세계를 사로잡은 매력을 가졌지만, 그녀의 치명적인 매력은 그녀 자신에게도, 그녀를 사랑한 사람들에게도 깊은 상처를 남겼다. 지적인 극작가였던 아서 밀러는 마릴린의 외면뿐 아니라 내면의 상처까지 사랑했지만, 그 사랑은 두 사람 모두를 파멸로 몰아넣었다. 그녀의 매력은 그의 삶에 치명적인 영향을 끼쳤다. 결국 그들의 사랑은 상처로 남았다.

너와 그녀의 사랑도 비슷했다. 그녀는 모든 이의 시선을 사로잡는 사람으로 그녀와의 순간들은 늘 특별했다. 그녀의 부드러운 손길, 너와의 대화 속에 스며들어 있던 달콤한 말들, 모든 것이 너에게 그녀가 완벽하다는 환상을 심어주었다. 그러나 가까워질수록 그녀의 완벽함 속에는 네가 감당하기 힘든 무언가가 있다는 걸 깨달았다.

그녀는 때로는 예상치 못한 순간에 그의 마음을 찌르는 말을 내뱉었다.
-넌 정말 나를 이해하고 있다고 생각해?

이 짧은 질문이 너의 가슴에 깊이 박혔다. 그녀의 매력에 이끌려 그녀의 세상에 들어간 너는 점점 자신이 그 세상에서 벗어나기 어렵다는 것을 느꼈다. 그녀와의 대화는 때로는 미로와 같았고, 그녀의 감정은 폭풍우 속의 바다처럼 예측할 수 없었다.

그녀의 따스함과 다정함은 너를 끌어당겼지만, 동시에 그 관계 속에서 너는 자신이 점점 약해지고 있음을 느꼈다. 그녀의 치명적인 매력에 사로잡힌 너는 그녀를 떠날 수도, 완전히 그녀에게 빠져들 수도 없는 애매한 상태에 갇혀 있었다.
-난 널 사랑해.
그녀가 말했을 때, 너는 자신이 듣고 싶었던 말을 들었다고 생각했다. 그러나 그 말의 뒷면에 숨겨진 무언가를 읽어낼 수 있을 만큼 그녀를 충분히 이해하지 못했다. 그녀가 말하지 않은 것들, 보여주지 않은 것들이 너를 끝없는 질문 속으로 밀어 넣었다. 그녀와의 사랑은 아름다웠지만, 동시에 너를 지치게 하는 무언가가 늘 그 안에 있었다.

너는 그녀를 잊지 못했다. 그녀의 눈빛과 목소리, 웃음은 여전히 너의 마음 한편에 자리 잡고 있었다. 그녀가 준 고통 역시 너에게서 떠나지 않았지만, 그 고통마저도 그녀를 기억하는 방식이었다. 사랑의 치명적인 매력은 너를 다치게 했지만, 그 경험 속에서 너는 자신이 사랑에 대해 얼마나 몰랐는지를 깨닫게 되었다.

사랑은 위험과 아름다움이 공존하는 역설적 존재다. 우리는 해파리처럼 투명하고 우아한 사랑의 외면에 매혹되지만, 그 안에 숨겨진 날카로운 가시를 피할 수 없다. 그러나 그 가시조차도 사랑의 일부라는 걸 받아들이는 순간, 우리는 사랑의 진짜 모습을 이해하게 되는지도 모른다. *

사랑인가, 집착인가

◇

물결은 아무리 밀어내도 다시 밀려왔다.
해파리처럼 흐르고, 머물고, 맴돌던 감정.
나는 그것이 사랑이라 믿었지만
시간이 지나고 나서야 알았다.
붙잡고 있던 것이 사랑이 아니라, 두려움이었다는 걸.

사랑은 해파리, 겉으로는 단순해 보이는 존재지만, 가까이 다가가면 우리는 그 이면의 복잡함을 깨닫는다. 너의 사랑은 때로 그녀를 옥죄었고, 그녀는 그 속에서 자유를 갈망했다. 사랑은 고무줄과 같아서 너무 팽팽하면 끊어지고, 너무 느슨하여도 설 자리를 잃는다. 이건 또 다른 상황이다.

너는 그녀와의 첫 만남을 기억한다. 그녀의 웃음은 자유로운 바람 같았다. 그녀의 눈빛은 깊은 바다처럼 너를 빨아들였다. 그녀와의 모든 순간이 마치 바닷속을 유영하는 듯한 기분을 선사했다. 하지만 시간이 흐르면서 너는 그녀를 잃을지도 모른다는 두려움에 사로잡혔다. 그녀를 더 가까이 두고 싶었고, 그녀를 더 많이 알고 싶었다. 네가 그녀를 더 깊이 사랑하려 할수록, 그녀는 너를 피해 멀어지는 듯했다.

두 사람의 사랑은 리처드 버턴과 엘리자베스 테일러의 관계를 떠올리게 했다. 리처드와 엘리자베스는 강렬하게 서로를 원했지만, 그 사랑은 때로 서로를 옥죄는 감옥이 되었다. 리처드는 그녀를 향한 열렬한 사랑이 집착으로 변해갔고, 엘리자베스는 그 속에서 자유를 갈망했다. 두 사람은 서로를 놓아주는 법을 몰랐고, 그 사랑은 결국 상처를 남겼다. 하지만 그들은 헤어져 있는 동안에도 서로를 떠올리며 다시 사랑에 빠졌다. 사랑과 집착, 그리고 자유의 갈망이 끝없이 교차하는 그들의 이야기는 사랑의 복잡함을 보여주는 상징적 예였다.

그녀 역시 엘리자베스처럼 자유를 원했다. 그녀는 너의 손길이 따뜻하고 부드러웠지만, 점점 그 손길이 자신을 옥죄고 있다고 느꼈다. 너는 그녀의 모든 것을 알고 싶어 했다. 그녀의 하루를, 그녀의 기분을, 그녀의 모든 선택을 알고 싶어 했다. 처음엔 너의 관심이 따뜻한 보호처럼 느껴졌지만, 점차 그것이 그녀의 숨통을 죄는 그물처럼 느껴졌다.

-왜 너는 나를 믿지 못하는 거야?
그녀가 어느 날 그렇게 물었다. 그녀의 목소리에는 안타까움과 실망이 섞여 있었다. 너는 대답하지 못했다. 너는 그녀를 믿지 않는 것이 아니었다. 다만, 그녀를 잃고 싶지 않았다. 그러나 너는 그것이 그녀를 구속한다는 사실을 깨닫지 못했다. 해파리의 촉수처럼 너의 사랑은 부드럽게 그녀를 감싸고자 했지만, 그 부드러움 속에 숨은 날카로움은 끝내 그녀의 마음을 찔렀다. 그녀는 점점 더 자유를 갈망했다. 그녀는 바다처럼 넓고 자유로웠고, 너의 집착은 그녀의 바다를 좁게 만들고 있었다.

그날 밤, 너는 바닷가를 홀로 걸으며 그녀와의 대화를 떠올렸다. 그녀는 자신의 마음을 고백했다. 그녀는 너를 사랑하지만, 자신만의 공간이 필요하다고 말했다. 너는 그녀의 말을 이해하려 했지만, 자신의 마음속에서는 묘한 두려움이 일었다. 그녀를 놓아주는 순간, 그녀가 영원히 떠나버릴지도 모른다는 두려움이었다.

너는 바다를 바라보며 생각했다. 바다는 해파리에게 자유를 준다. 해파리는 바다의 흐름 속에서 자유롭게 움직인다. 하지만 그 자유는 완전히 독립적인 것이 아니다. 해파리는 바다와 함께 유영하면서도 바다의 일부로 존재한다. 너와 그녀도 그렇게 될 수 있지 않을까? 너는 그녀를 온전히 자유롭게 놓아주면서도, 그녀의 일부로 남아 있을 수 있지 않을까?

너는 그녀에게 말했다.
-내가 너를 붙잡으려 했던 이유는 너를 너무 사랑했기 때문이야. 하지만 이제는 알아. 너를 진정으로 사랑하려면, 너를 자유롭게 놓아줘야 한다는 걸.
그녀는 그의 말을 들으며 조용히 미소 지었다. 그녀의 미소는 다시 바다처럼 넓고, 그 안엔 고요한 이해가 담겨 있었다.

사랑은 집착이 아니다. 사랑은 서로를 자유롭게 하면서도 함께 흘러가는 것이다. 너는 그녀와 함께한 시간을 통해 해파리 같은 사랑의 본질을 이해하게 되었다. 그 사랑은 때로 아프고, 때로 치명적일 수 있지만, 결국 가장 진실한 사랑은 상대방의 자유를 존중하는 데서 시작된다는 것을. ✽

나를 사랑해야 너를 사랑할 수 있다

◇

깊은 바닷속을 유영하던 해파리는
자신의 투명함조차 의식하지 못한 채 떠돌았다.
나도 그랬다.
너를 사랑하려 애쓰던 시간 속에서
결국, 나를 잃어가고 있었다는 걸 너무 늦게야 알았다.

해파리는 하늘거리며 물결처럼 부드럽게 다가오지만, 그 촉수에는 보이지 않는 가시가 숨어 있다. 해파리는 단지 흘러가는 존재로 보이지만, 그 속에는 상처를 줄 수 있는 힘과 동시에 그 상처를 치유할 신비한 가능성을 품고 있다. 사랑도 아픔을 남기는 동시에 그 아픔을 치유하는 방법을 스스로 만들어낸다.

그녀를 처음 만났을 때 느꼈다. 그녀의 미소는 평온한 바다와 같았고, 그 미소는 어느새 그의 마음을 물들였다. 그녀와의 대화는 바닷속 유영과 같았다. 깊고 잔잔한 시간 속에서 네가 잊고 있던 감정들이 되살아났다. 그러나 시간이 흐를수록 그녀와의 관계 속에서 예상치 못한 상처들이 그의 마음을 아프게 했다.

그녀는 깊이 다가왔지만, 때로는 그 다가옴이 독이 되기도 했다. 그녀의 날카로운 말 한마디가 너를 무너뜨리곤 했다. 하지만 신기하게도, 그녀는 그 상처를 치유하는 방법도 알고 있었다. 그녀는 따뜻한 손길로 너를 어루만졌고, 부드러운 목소리로 너의 아픔을 감싸주었다. 그녀는 해파리 같았다. 상처를 주면서도 치유를 선사하는 이중적인 존재였다.

너는 이따금 엘리자베스 테일러와 리처드 버턴의 사랑 이야기를 떠올렸다. 두 사람의 사랑은 강렬했고, 동시에 파괴적이었다. 엘리자베스는 리처드에게 깊은 사랑을 주었지만, 그 사랑은 자주 그를 아프게 했다. 리처드는 그녀와의 관계에서 상처를 입기도 했지만, 그녀와의 시간 속에서 가장 행복한 순간들을 경험했다고 회고했다. 그들의 사랑은 치명적이었지만, 그만큼 치유의 힘도 강렬했다. 두 번의 결혼과 이혼을 반복하며, 그들은 사랑의 본질이 상처와 치유의 공존임을 깨달았다.

너와 그녀의 관계도 다르지 않았다. 그녀와의 갈등 속에서 너는 자신이 약한 존재임을 느꼈다. 그녀의 날카로운 한마디가 너의 자존심을 무너뜨렸고, 그녀의 무심한 행동 하나에 깊이 상처받았다. 하지만 그녀는 언제나 네 곁을 지켰다. 그녀는 너의 상처를 이해했으며 그 상처를 치유하기 위해 노력했다. 그녀의 사과는 진심이었고, 위로는 따뜻했다.

한 번은 두 사람이 격렬히 다투던 날이었다. 그녀는 너의 약점을 직설적으로 지적했다. 너는 참을 수 없는 분노와 슬픔에 휩싸였다.

그러나 그녀는 이내 너의 손을 잡으며 말했다.

-미안해. 네 마음을 다치게 할 의도가 아니었어. 내가 부족했어.

그 한마디에 너는 마음이 풀어졌다. 그녀의 손길은 마치 해파리의 촉수가 부드럽게 물결을 타고 흘러가듯 너의 마음을 어루만졌다.

사랑은 우리가 예상치 못한 방식으로 아픔을 남긴다. 그러나 그 아픔 속에서 우리는 성장하고, 진정한 사랑의 깊이를 깨닫는다. 해파리가 우리를 찌르지만, 동시에 그 독이 약으로 쓰이기도 하듯 사랑은 상처와 치유를 동시에 품고 있다. 너와 그녀는 서로에게 상처를 주었지만, 동시에 서로를 치유하는 존재로 자리 잡았다.

너는 그녀와의 시간을 돌이켜보며 깨달았다. 사랑은 단순히 행복만을 주는 것이 아니라, 아픔을 통해 더 깊은 관계를 만들어가는 과정임을. 그녀는 너의 삶에서 상처를 준 존재였지만, 동시에 그 상처를 이해하고 치유할 수 있는 유일한 사람이었다.

그녀와 함께한 시간은 해파리처럼 부드럽게 흘러가기도 했고, 때로는 날카롭게 너를 찔렀다. 그러나 그녀와 함께하는 사랑이 얼마나 복잡하고 아름다운 감정인지 이해하게 되었다. 상처와 치유가 공존하는 사랑, 그것이야말로 가장 인간적인 감정이라는 것을.

돌이켜보면 그녀의 존재는 너에게 상처를 남기는 동시에 너의 삶을 치유하고 있었다. 해파리 같은 사랑, 그 속에 담긴 아픔과 치유는 너를 더 강하게, 그리고 더 사랑스럽게 만들고 있었다. *

사랑이 허기를 채울 수 있을까

출렁이는 바다 위를 부유하듯,
나는 사랑으로 공허함을 채우려 했다.
해파리처럼 투명한 감정은 쉽게 흔들렸고
너의 온기를 탐하던 나는 끝내
내 마음의 허기를 사랑이라 착각하고 말았다.

사랑에는 넘지 말아야 할 경계가 있다. 눈에 보이지 않지만, 분명히 존재하는 그 선. 아무리 깊고 진해도, 그 속에는 넘지 말아야 할 한계선이 있다.

너와 그녀의 사랑은 처음엔 모든 것이 완벽해 보였다. 너는 그녀에게 마음을 전부 열었고, 그녀 또한 너에게 자신의 세계를 보여주었다. 그러나 시간이 흐르며 너희는 서로의 세계를 조금씩 침범하기 시작했다. 너는 그녀의 휴대전화를 슬쩍 보기도 하고, 그녀는 너의 과거 연애를 끊임없이 캐물었다. 둘 다 '사랑하니까'라는 이유로 더 알고 싶어 했지만, 그 과정에서 서로의 경계를 무시하고 있었다.

그러한 경계 침범이 어떤 파국을 불러오는지는 세상 곳곳의 이야기 속에서도 반복된다. 팝스타 리한나(Robyn Rihanna Fenty)와 크리스 브라운(Chris Brown)의 관계는 그 대표적 예다. 그들은 서로를 깊이 사랑했지만, 사랑은 점차 통제로 변질되었다. 크리스는 리한나의 삶을 지나치게 개입하려 했고, 리한나는 그 안에서 자신을 잃어갔다. 결국 그들은 사랑이 아닌 상처를 주고받았고, 그 사랑은 파괴로 귀결되었다.

너와 그녀 사이에도 그런 위험은 서서히 모습을 드러냈다. 너는 그녀가 친구들과 보내는 시간을 질투했고, 그녀는 너의 고요한 시간을 불안해했다. 너희는 서로의 모든 것을 공유해야 진짜 사랑이라 믿었지만, 그 믿음은 어느새 두 사람을 조이는 족쇄가 되어 있었다.

어느 날, 그녀는 조용히 말했다.
-내가 너의 모든 걸 알아야 한다고 생각하지 않아. 그렇지만 네가 내게 모든 걸 숨기는 것도 두려워.
너는 한참을 망설인 끝에 대답했다.
-나는 네가 내 세상의 전부가 되어야 한다고 믿었어. 하지만 그럴수록 널 점점 놓치고 있다는 기분이 들어.

두 사람의 대화는 해파리의 촉수처럼 섬세하고 민감했다. 조심스럽게 골라낸 말들 속에는 사랑이 무너질까 두려운 본능이 숨어 있었다. 마치 해파리가 독을 품은 촉수로 자신을 지키듯 너희는 사랑 안에서 서로를 방어하고 있었다.

너는 그 대화를 곱씹으며 생각했다. 사랑은 모든 것을 공유해야만 유지되는 게 아니다. 오히려 각자의 경계를 지키면서도 함께 흐를 수 있어야 한다. 해파리는 바닷속에서 자신의 공간을 지키며 유영하지만, 그럼에도 물결과 함께 춤춘다. 너는 그녀와의 관계 속에서도 그런 조화를 이루고 싶었다.

　그날 이후, 그녀에게 더 이상 지나친 질문을 하지 않았다. 그녀가 혼자만의 시간을 원할 때는 조용히 기다려주었다. 그녀 역시 너의 선택과 행동에 불필요한 의미를 부여하지 않았다. 너희는 서로의 경계를 넘지 않으려 애쓰며 사랑의 새로운 균형을 찾아가기 시작했다.

　경계를 지킨다는 것은 때때로 불안한 일이다. 멀어진다는 두려움, 오해가 생길까 하는 걱정이 마음을 스친다. 하지만 너는 알게 되었다. 사랑의 경계를 존중하는 것은 오히려 관계를 더 깊고 단단하게 만든다는 것을. 모든 것을 알지 못해도, 모든 순간을 함께하지 않아도, 두 사람은 여전히 충분히 사랑할 수 있다는 것을.

　너는 바닷가에 앉아 해파리가 유영하는 모습을 오래도록 바라보았다. 파도에 몸을 맡기며 흔들리는 해파리는 자유로웠다. 하지만 그 자유는 무질서가 아니라, 분명한 경계를 가진 흐름이었다. 사랑도 어쩌면 경계 안에서 자유를 누리며 그 자유를 통해 더욱 빛나는 것이었다. *

채워지지 않는 마음, 그 안에 너를 담다

◇

텅 빈 바다 한가운데에 나를 띄워 놓고,
나는 네 생각으로 파도를 메웠다.
채워지지 않는 마음의 빈틈마다
너의 기억을 흘려보내며
그리움으로 나를 가득 채웠다.

사랑은 해파리같이 처음엔 고요하고 아름답게 떠다니는 존재처럼 보인다. 그러나 사랑의 물결 속으로 깊이 들어갈수록 깨닫게 된다. 그 부드러움 아래 숨어 있는 것이 때로는 고통일 수 있다는 사실을.

그녀의 관계도 처음엔 평온했다. 너는 그녀를 만날 때마다 설렜고, 그녀는 너와 함께 있을 때 웃음을 잃지 않았다. 하지만 그 미소와 설렘 속에 서서히 보이지 않는 경고가 스며들고 있었다. 서로의 기대가 점점 커지고, 작은 일에도 예민해지기 시작했다. 그러나 너희는 애써 그것을 외면했다. 사랑은 항상 좋은 것만을 말해야 한다고 믿었기에.

할리우드 배우 브래드 피트(Brad Pitt)와 앤젤리나 졸리(Angelina

Jolie)의 관계도 그런 경고를 품고 있었다. '브란젤리나(Brangelina)'라는 이름으로 불리며 세계의 주목을 받았던 그들의 사랑은, 화려한 겉모습과는 다르게 서서히 균열을 향해 나아가고 있었다. 사랑은 깊어졌지만 동시에 서로에 대한 기대도 무거워졌고, 일상의 갈등은 천천히 위험 신호가 되었다. 그들은 그 신호를 보았지만 사랑이라는 이름으로 외면하고 있었다.

한 번은 그녀가 말했다.
-네가 왜 이렇게 갑자기 변했는지 모르겠어. 전에는 나한테 모든 걸 맞춰주더니, 이제는 내가 너한테 맞춰야 하는 것 같아.
너는 대답하지 못했다. 사실 너는 변한 게 아니었다. 그녀의 끝없는 요구에 점점 지쳐가고 있었을 뿐이다. 그녀는 너의 삶 속으로 완전히 들어오고 싶어 했고, 너는 점점 그 무게를 감당할 수 없게 되었다. 하지만 너는 그 경고를 제대로 직면하지 않았다. 아니, 어쩌면 알아차렸음에도 외면하고 싶었다. 사랑은 때로 눈을 감게 만든다.

너와 그녀의 관계는 점점 무거워졌다. 그녀는 너에게 더 많은 것을 원했고, 너는 점점 더 침묵으로 자신을 감추었다. 사랑의 언어 대신 불만이 너희 대화를 채우기 시작했다. 그러나 너희는 그것이 위험 신호라는 것을 인정하지 않으려 했다. 사랑은 무조건 참고 견디는 것이라고 믿었기 때문이다.

어느 날 밤, 너는 제주 이호테우해변에 혼자 앉아 있었다. 그녀와의 다툼이 잦아지며 혼자의 시간이 점점 필요해졌다. 그날 밤 너는 불빛에 비친 해파리가 유영하는 모습을 바라보았다. 잔잔한 바닷속에서 천천히 움직이는 해파리는 평화로워 보였지만, 가까이 다가가면 안 된다는 경고를 품고 있었다. 그 경고는 어쩌면 너의 삶에서도 계속 울리고 있었다.

-너는 나를 정말 사랑하는 거야?
어느 날 그녀가 그렇게 물었지만 너는 대답하지 못했다. 대답을 꺼낼수록 그녀의 사랑이 마치 아름다움 속에 감춰진 날카로움처럼 느껴졌다. 너는 그 경고를 외면하고 싶지 않았다. 그러나 사랑이 끝날 수도 있다는 두려움은 여전히 너를 묶어두고 있었다.

사랑이 아름다우면서도 위험할 수 있다는 것을 받아들이는 데는 용기가 필요했다. 너는 해파리를 바라보며 생각했다. 해파리가 우리에게 말해주는 것은 단지 조심하라는 것이 아니다. 경계를 지키면서도 함께 흐르는 방법을 배우라는 메시지다. 사랑도 마찬가지였다. 서서히 스며드는 위험을 감지하고, 그 안에서 균형을 찾아야 했다.

결국 너희는 마음을 열고 대화를 시도했다. 처음으로 서로가 느낀 무게와 고통에 대해 솔직히 털어놓았다. 그녀는 네 삶에 들어가고 싶어서 너무 많은 것을 요구했다고 고백했고, 너는 그녀를 사랑하면서도 자신의 공간을 잃어버릴지 두려웠다고 말했다.

사랑의 아름다움 속에 숨겨진 위험은 우리가 그것을 외면할 때 현실이 된다. 하지만 그 신호를 귀 기울여 듣고, 서로를 존중하는 방법을 배운다면 사랑은 해파리처럼 우아하게, 그리고 자유롭게 흐를 수 있다. ✳

거울 속 나를 사랑하다

◇

해변에 떠밀려온 해파리처럼
나는 나 자신을 낯설게 마주했다.
출렁이는 파도에 비친 내 모습은
자주 흐려졌지만, 결국 나였다.
거울 속 나를 조금씩 사랑하는 법을 배우기 시작했다.

사랑은 시간 속에 기억을 쌓아간다. 바람에 흩날리는 모래처럼 그 기억들은 흘러가고, 쌓이고, 또 사라진다. 때로는 너무 또렷해서 잊히지 않고, 때로는 너무 희미해서 그 안에서 무엇을 느꼈는지조차 모르게 된다. 사랑은 그렇게 시간 속에서 흘러가며 자신도 모르게 갇힌다.

너와 그녀의 사랑도 그런 시간의 연속이었다. 처음 만났을 때의 설렘, 함께한 일상이 마치 기적처럼 느껴졌다. 그러나 그 순간들이 점점 모래처럼 손가락 사이로 빠져나가고 있다는걸 너희는 미처 알지 못했다.

시간이 흐를수록 너는 사랑이 다른 방향으로 흘러간다는 사실을 받아들여야 했다. 사랑이란 원래 멀리서 볼 때는 아름답지만 막상 가까이서 보면 번민과 고통이 훨씬 많은 법이다. 그 사랑에서 다시 옛 기억을 쫓을 때 아름다운 추억으로 비치는 것도 바로 그 때문일 것이다.

손끝의 감촉 하나까지 특별하던 시간은 어느 순간부터 익숙함과 고요함으로 변했고, 그 고요함은 때때로 외로움이 되었다. 말하지 못한 감정이 쌓이면서 너희 사이엔 보이지 않는 벽이 생겼다. 사랑은 흘러가는 시간 속에서 조금씩 지워지고 있었다.

그럴 때마다 너는 해파리를 떠올렸다. 해파리처럼 사랑도 처음엔 부드럽고 매혹적이지만, 시간이 흐르면 그 속에 숨어 있던 날카로움이 드러난다. 해파리의 촉수처럼 조용히 다가온 아픔은 시간이 흐를수록 또렷해진다. 너와 그녀의 사랑도 겉으론 평화로웠지만, 속으로는 무엇인가 천천히 빠져나가고 있었다.

어느 날, 너는 그녀에게 말했다.
-우리가 함께한 시간이 참 아름다웠지만… 너무 빨리 지나가 버린 것 같아.
그녀는 말없이 너를 바라보았다. 그녀 역시 그 시간을 붙잡고 싶었지만, 이미 손에서 흘러 나간 것들이 너무 많았다. 너는 그 시간 속에서 무엇을 잃었는지조차 명확히 말할 수 없었다. 단지, 그것들이 사라지고 있다는 느낌만이 남아 있었다.

기억은 흩날리는 모래처럼 마음속을 떠돌았다. 손끝에 닿을 듯하다가도 사라지고, 어느 날은 아무렇지 않다가도 문득 되살아났다. 사랑은 함께 흘러가는 것이지만, 그 끝에서는 어김없이 떠나보내야 하는 시간도 존재한다.

해파리처럼 사랑은 처음에는 아름답다. 그러나 시간이 흐르며 그 안에 숨겨진 상처들이 수면 위로 올라온다. 그리고 그것을 깨달을 즈음엔 이미 되돌릴 수 없는 지점에 도달해 있다.

그렇게 너희는 각자의 길을 가게 되었다. 하지만 너희가 함께한 시간은, 마치 해파리가 남긴 물결처럼 잔상으로 남았다. 희미해지긴 해도 완전히 사라지진 않았다. 그 감정들은 너희 안에서 여전히 살아 숨 쉬고 있었다.

사랑은 시간이 지나면 사라지는 것처럼 보이지만, 그 안에 담긴 감정은 언제든 다시 떠오른다. 모래 속에 묻힌 기억처럼, 그것은 한순간에 되살아나기도 하고, 오래도록 마음속을 떠돈다. 해파리처럼 사랑은 떠나간 후에도 물결처럼 우리 안에서 흐르고 있어야 한다. ∗

사랑이 나를 바꾸는 순간

◇

소리 없이 밀려오는 파도처럼
사랑은 나를 천천히 바꾸었다.
거친 조약돌 같던 마음이
물결에 닿으며 둥글어지고
나는 어느새, 너를 닮아 있었다.

사랑이 어떻게 시작되는지, 그리고 어떤 방식으로 사람의 마음속에 스며드는지, 너는 깊이 생각해 본 적이 없었다. 어느 날, 불현듯 찾아온 그녀와의 만남은 너의 세계를 완전히 바꾸었다. 처음에는 평범해 보였던 일상이 그녀의 존재로 인해 특별해졌다. 어느새 그녀는 너의 마음 구석구석을 차지하고 있었고, 너는 그것을 피할 수도, 거부할 수도 없었다.

사랑은 어쩌면 독처럼 작용한다. 그것은 조용히 스며들어 어느 순간엔가 너의 모든 것을 잠식한다. 그녀의 웃음, 말투, 사소한 습관까지도 너의 삶에 녹아들었고, 이제는 그것 없이는 일상이 완성되지 않는 듯 느껴졌다. 마치 해파리의 독이 바닷물 속에서 조용히 퍼지듯 말이다.

역사 속 사랑도 그렇게 은밀하게 다가왔다.

영국의 시인 바이런(George Gordon Byron)은 이탈리아 여행 중 테레사 귀치올리(Teresa Guiccioli) 백작 부인을 만나게 된다. 처음엔 단순한 매혹 같았던 감정이 점차 그의 시와 삶 전체를 잠식했다. 그는 테레사를 위해 많은 것을 포기했지만, 그 사랑은 결국 그를 외로운 길로 이끌었다. 사랑은 그를 채웠지만, 동시에 고독하게 만들었다.

너 또한 그녀와의 관계에서 그런 사랑의 침투를 경험했다. 그녀와 함께하는 시간은 따뜻하고 평화로웠지만, 점점 그녀의 존재가 너의 삶을 지배하기 시작했다. 너는 그 사실을 애써 외면하려 했지만, 결국 인정하게 되었다. 사랑은 너의 의지 너머에서 자리를 잡고 있었다.

『위대한 개츠비』의 작가 피츠제럴드(Francis Scott Key Fitzgerald)와 그의 아내 젤다 피츠제럴드(Zelda Fitzgerald)의 이야기도 떠오른다. 피츠제럴드는 젤다의 자유롭고 열정적인 성격에 매료되었지만, 그들의 사랑은 서로를 잠식하는 독과 같았다. 젤다의 불안정한 감정과 피츠제럴드의 예술적 집착은 사랑이라는 이름 아래 서로를 소모했고, 결국 두 사람 모두 상처 입은 채로 남았다.

너는 그녀와의 사랑이 약이 될지, 독이 될지 알 수 없었다. 그녀와 함께 있는 시간은 너를 치유했지만, 동시에 네 자유를 조금씩 앗아갔다. 사랑은 아름다움을 품고 있으면서도 언제든 상처를 남길 수 있는 양면성을 가지고 있었다. 해파리의 아름다움 속에 독이 숨겨져 있는 것처럼.

  -너는 왜 사랑을 두려워해?
그녀가 어느 날 물었다.
너는 잠시 생각하다가 말했다.
  -두려운 건 사랑이 아니야. 내가 그 안에서 나를 잃을까 봐 무서운 거지.
그녀는 네 말을 들은 뒤 고개를 끄덕이며 말했다.
  -사랑은 누군가에게 스며드는 동시에, 그 안에서 나를 찾아가는 과정이기도 해. 중요한 건 네가 나를 통해 너 자신을 더 깊이 이해할 수 있다는 거 아닐까?
그녀의 말은 너의 마음을 어루만졌다. 사랑은 둘이 서로에게 스며들면서도 각자의 본질을 잃지 않는 균형을 배우는 여정이었다. 해파리가 조류에 몸을 맡기되, 자신만의 리듬으로 움직이는 것처럼.

이제 너는 사랑을 두려워하지 않기로 했다. 그녀와 함께한 시간은 너를 더 강하게, 더 온전하게 만들었다. 사랑이 독인지, 약인지는 중요하지 않았다. 중요한 것은 그 사랑이 너의 삶에 스며들어, 너를 다른 존재로 변화시키고 있다는 사실이었다.

너는 그렇게 그녀와 함께 사랑의 물길을 따라가기로 했다. 사랑이 너의 모든 것을 스며들게 허락하면서도, 너 자신을 잃지 않으리라는 믿음 속에서. *

사랑은 나를 키운다

◇

사랑은 잔잔한 바닷속 조류처럼
보이지 않는 힘으로 나를 밀어 올렸다.
처음엔 아팠고, 혼란스러웠지만
결국 나는 예전보다 더 단단해졌고
조금 더 깊은 사람이 되어 있었다.

그녀와의 사랑이 처음부터 이렇게 깊은 흔적을 남길 줄은 몰랐다. 사랑은 불꽃 같아 보였다. 순간적으로 타오르고 이내 꺼져버리는, 덧없는 감정처럼 느껴졌다. 하지만 그 불꽃이 지나간 자리는 분명한 자국을 남겼다. 눈에 보이지 않지만 지워지지 않는 마음 한구석에 새겨진 상처이자 문양. 그것이 바로 사랑의 흔적이었다.

어느 날 그녀는 말했다.
-사랑은 아무것도 남기지 않는다고 믿었어. 그런데 아니더라. 어떤 감정은 사라져도, 그 자리는 절대 없어지지 않아.

그 말의 의미를 처음엔 이해하지 못했다. 하지만 시간이 흐르면서 너는 깨닫게 되었다. 사랑이 남긴 자국은 '기억'이라는 이름으로 너의 마음속에 고요히 자리 잡고 있었다.

역사 속 사랑도 그랬다. 오스트리아의 황후 엘리자베트(Elisabeth 'Sisi' von Wittelsbach)는 자유로운 영혼을 가진 여인이었다. 황제 프란츠 요제프 1세(Franz Joseph I)와의 결혼은 그녀를 궁궐에 가두었지만, 그녀의 마음은 언제나 바람처럼 자유롭게 흘렀다. 그녀가 남긴 시들은 남편을 향한 애틋한 사랑, 자식을 잃은 비통함, 그리고 자유에 대한 갈망이 남긴 문양이었다.

너와 그녀의 사랑도 마찬가지였다. 처음 만났던 날의 떨림과 설렘은 사라졌지만, 그 순간은 사진처럼 선명하게 기억 속에 남아 있었다. 함께 보냈던 모든 시간이 하나의 점이 되어 연결되었고, 그것은 너의 마음에 지울 수 없는 문양을 새기고 있었다.

미국의 시인이자 소설가 실비아 플라스(Sylvia Plath)와 영국 시인 테드 휴즈(Ted Hughes)의 이야기도 떠올랐다. 그들의 사랑은 뜨거웠고, 동시에 파괴적이었다. 실비아는 테드를 통해 자신의 창작 세계를 확장시켰지만, 그가 남긴 상처는 그녀의 삶을 뒤흔들었다. 그 아픔을 이겨내지 못한 그녀는 결국 세상을 떠났지만, 남겨진 작품들은 그 상처와 사랑의 진실성을 증명하는 흔적이었다.

어느 날 그녀가 말했다.
-우리는 서로에게 너무 많은 흔적을 남기지 않을까?
너는 고개를 끄덕였다.

-아마도. 하지만 그게 나쁜 건 아닐 거야. 흔적이 없다는 건 우리가 아무것도 느끼지 않았다는 뜻일 테니까.
　그녀는 생각에 잠기더니 미소를 지으며 말했다.
　-그렇다면, 나는 너에게 더 많은 흔적을 남기고 싶어. 내가 너에게 있었다는 걸 기억하게.
　그 말은 너의 마음을 울렸다.

　흔적은 아플 수도 있고, 따뜻할 수도 있었다. 하지만 분명한 건, 그것이 사랑이 존재했다는 증거라는 사실이었다. 사랑은 물결처럼 다가와 해파리의 촉수처럼 마음을 휘감았다. 그리고 그 촉수가 닿은 곳엔 늘 자국이 남았다. 쓰라린 통증이든, 간질거리는 기억이든, 그건 너희가 함께한 순간들의 흔적이었다.

　너는 그녀와의 모든 순간을 소중히 간직하기로 했다. 그 흔적이 아프더라도, 그것이 있었기에 너는 사랑을 알 수 있었다. 흔적은 두려운 것이 아니었다. 그것은 너와 그녀가 함께 지나온 시간을 증명하는 무늬였다.

　그녀가 마지막으로 물었다.
　-너는 내게 어떤 흔적을 남겼는지 알아?
　너는 조용히 미소 지으며 대답했다.
　-네 마음속에 있는 그대로일 거야. 시간이 지나도 기억할 만한 그런 흔적이길 바랄 뿐이야.

　그렇게 너와 그녀의 사랑은 또 하나의 문양을 남겼다. 그것이 고통이든, 따뜻함이든, 너희는 그 흔적 속에서 서로를 기억할 것이다. 그것이 사랑의 힘이자, 사랑의 진정한 의미였다. ✽

감당할 수 없는 사랑의 크기

◇

사랑은 때때로 파도처럼 몰려와
내가 감당할 수 있는 깊이를 넘어서곤 했다.
숨이 차고, 물살에 휩쓸려도
그 거대한 감정 앞에서 나는 멈출 수 없었다.
그만큼 너를 향한 마음은 진심이었다.

그녀를 처음 만났을 때 느꼈다. 그녀의 눈빛에는 설명할 수 없는 불확실함이 깃들어 있었다. 그런데도 이상하게, 너는 그 눈빛에서 오히려 알 수 없는 확신을 느꼈다. 그 모습은 마치 바다 위를 떠다니는 해파리 같았다. 투명하지만 분명한 형태를 이루고 있고, 유연하면서도 자신만의 방향으로 흐르는 존재와 같이.

그녀는 어느 날 이렇게 말했다.
-사랑이란 게 참 모순적이야. 어떤 땐 이 사람이 나의 전부일 것 같다가도, 다음 순간엔 모든 게 흔들릴 것 같거든.
너는 고개를 끄덕였다.
그녀의 말처럼 사랑은 늘 두 가지 감정을 동시에 안고 있었다. 설렘과 두려움, 안정감과 흔들림, 그리고 확신과 불확실함까지.

그러나 너는 그 모든 감정의 소용돌이 속에서, 사랑이란 결국 서로를 믿는 데서 시작된다는 것을 점차 깨닫게 되었다. 사랑의 본질은 불확실함 속에서 스스로 확신을 만들어가는 일이었다.

소설 『이방인』의 작가 알베르 카뮈(Albert Camus)와 그의 연인 시몬 히에(Simone Hie)의 관계가 그걸 보여준다. 카뮈는 결혼 생활을 유지하면서도 시몬과 사랑을 나누었다. 그들은 서로를 완전히 소유할 수 없었고, 미래 역시 언제나 불확실했다. 하지만 그 불완전함 속에서도 그들만의 사랑은 지속되었다.
시몬은 카뮈에게 이렇게 말했다.
-우리가 함께할 수 없는 이 시간마저도, 당신은 내 삶을 가득 채우고 있어.

너는 이 이야기를 그녀에게 들려주었다.
그녀는 한참을 생각하더니 조용히 말했다.
-결국 사랑이란 건, 우리가 스스로 확신해야만 유지되는 거겠지. 누가 대신 확신해 줄 순 없으니까.
그 말은 너의 마음 깊은 곳을 건드렸다.

또 다른 이야기 하나. 바로 존 F. 케네디(John Fitzgerald Kennedy)와 재클린 케네디(Jacqueline Kennedy Onassis)의 얘기다. 그들의 결혼은 수많은 외부의 위협과 불확실성 속에서 흔들렸다. 하지만 남편이 암살당한 뒤에도, 재클린은 그의 사랑을 마음 깊이 간직하며 말했다.

-우리가 함께한 시간은 짧았지만, 그의 사랑은 내가 살아갈 이유였어요.

너는 그녀에게 조심스레 물었다.
-우리도 그런 사랑을 할 수 있을까? 세상이 흔들릴 때도, 서로를 믿을 수 있는 사랑.
사랑은 언제나 불확실성을 동반한다. 너는 때때로 그녀가 자신의 마음을 완전히 드러내지 않는 듯해 답답했다. 그녀는 때론 멀어지는 듯 보였고, 너는 그런 그녀를 붙잡고 싶었다.

그녀는 어느 날 말했다.
-내가 확신할 수 있는 건 단 하나야. 너를 사랑한다는 것. 나머지는 잘 모르겠어. 하지만 그건 확실해.
너는 미소 지으며 대답했다.
-그거면 충분해. 나도 그래. 불확실하더라도 우리 서로를 믿자.

너는 마침내 이해했다. 사랑은 불확실성 속에서 태어나는 감정이라는 것을. 그 불확실함이 오히려 사랑을 더 깊고 진실하게 만든다는 것을. 중요한 건, 그 속에서도 서로를 믿을 수 있다는 확신이었다. 그녀는 마지막으로 너에게 말했다.
-우리 사랑도 불확실함 속에 떠 있을지 몰라. 하지만 내가 확실히 아는 건, 네가 지금 내 곁에 있다는 거야.

그렇게, 너희의 사랑은 또 하나의 물길을 따라 흘러가기 시작했다. *

사라질까 두려워, 너를 잡는다

◇

마음이 너에게 달려가던 순간,
파도는 멈추지 않고 밀려왔다.
나는 너를 꼭 붙들었지만
잡으려는 손끝마다 두려움이 스며들었다.
사라짐은 언제나 예고 없이, 조용히 찾아온다.

사랑은 때때로 상처를 남긴다. 그리고 그 상처는 깊은 아픔을 가져온다. 하지만 그 아픔은 우리를 더 단단하게 만들고, 사랑의 진짜 의미에 조금씩 가까워지게 해준다. 사랑은 해파리처럼 유연하지만, 그 안에는 날카로운 독을 품고 있다. 그 위험을 감수하지 않으면 우리는 진정한 사랑에 다다를 수 없다.

상처에서 자라나는 꽃처럼 사랑은 고통과 시련을 견뎌낸 후에야 비로소 그 진가를 발휘한다.

그런 사랑의 이야기를 보여준 인물이 있다. 바로 미국의 팝 스타 비욘세(Beyoncé). 그녀의 사랑과 결혼, 그리고 상처의 이야기는 해파리 같은 사랑의 위험성과 아름다움을 동시에 품고 있다. 비욘세와 남편 제이 지(Jay-Z)는 처음 만났을 때부터 뜨거운 사랑을 나누었다.

그러나 그들의 관계는 곧 큰 위기를 맞았다. 제이 지의 불륜 의혹이 세간에 퍼지면서, 비욘세는 사람들 앞에서 깊은 상처를 입었다. 그녀는 사랑에 대해 의문을 품었고, 자신이 믿었던 관계가 무너지는 아픔을 겪었다. 그럼에도 그녀는 그 상처를 피하지 않았다. 오히려 그 고통을 예술로 승화시켰다.

그 대표적인 결과가 바로 그녀의 앨범 〈레몬에이드〉였다. 〈레몬에이드〉는 단순한 앨범이 아니었다. 그것은 비욘세가 자신의 상처를 직면하고, 그 안에서 다시 일어서는 과정을 기록한 예술적 선언이었다. 그녀는 노래를 통해 고백하고, 분노하고, 치유했다. 그 앨범 안에는 한 여성이 겪은 배신, 분노, 혼란, 그리고 다시 용서하고 사랑에 이르는 여정이 오롯이 담겨 있었다.

그것은 상처에서 자라난 꽃, 눈물 속에서 피어난 강인함이었다. 비욘세는 그 상처를 단순히 잊거나 숨기지 않았다. 오히려 그 상처를 통해 사랑의 의미를 더욱 깊이 이해하게 되었다. 비욘세는 사랑의 본질을 이렇게 말하는 듯했다. 사랑은 절대 완벽하지 않으며, 때로는 우리를 무너뜨리기도 한다. 그러나 그 무너짐 속에서 우리는 새로운 자신을 발견하고, 더 깊은 사랑을 배워간다고. 비욘세는 이 과정에서 '사랑은 고통을 넘어서는 힘'이라는 중요한 진리를 배우게 되었다.

사랑은 해파리처럼 예측할 수 없다. 그 안엔 유혹과 위험, 그리고 상처가 숨어 있다. 하지만 그 속으로 뛰어들지 않으면, 우리는 결코 사랑의 본질에 닿을 수 없다. 비욘세는 말했다.

"내가 겪은 고통은 날 부서뜨리지 않았어. 오히려 날 더 강하게 만들었고, 내 사랑을 더 진실하게 했지."

그녀의 이야기에서 우리는 사랑이 어떻게 상처를 통해 더 넓어지고 깊어지는지를 알 수 있다.

진짜 사랑은 상처가 없는 사랑이 아니다. 상처를 마주하고, 그 고통 속에서 서로를 더 이해하게 되는 사랑이다. 상처는 고통스럽지만, 그 상처를 외면하지 않고 껴안을 때, 우리는 사랑을 더 진실하게 경험하게 된다.

그리고 그 속에서 자라나는 꽃은 우리에게 힘과 용기, 그리고 사랑의 본질을 가르쳐 준다. *

사랑은 선택의 기록이다

◇

물결이 가른 두 갈래의 길,
나는 너를 향한 방향을 택했다.
때론 그것이 옳았는지 아닌지보다
선택 그 자체가 사랑이었다.
사랑은 순간의 감정이 아니라
매번 다시 택하는 마음의 기록이었다.

사랑은 단순한 감정만으로 이루어지지 않는다. 사랑은 때로 우리의 선택에서 비롯된다. 우리는 살아가며 수많은 선택을 한다.
누구를 사랑할 것인지?
어떤 길을 함께 걸을 것인지?
무엇을 포기할 것인지?
그 선택들이 모여 하나의 연대기를 만든다.

너 역시 그런 선택의 결과로 사랑을 만나고, 그 선택이 너의 삶을 얼마나 변화시킬 수 있는지 깨닫게 되었다. 많은 사람은 '사랑은 운명'이라고 말한다. 하지만 너는 그렇게 생각하지 않는다. 사랑은 운명이 아니라, 선택의 집합체.

우리가 내리는 결정들이 모여 한 사람과의 인연을 만들어가고, 그 인연은 우리의 삶을 바꾸어 놓는다. 선택은 때로 예상하지 못한 결과를 낳고, 그 과정에서 우리는 자체도 몰랐던 감정들과 마주하게 된다. 사랑은 그렇게, 우리가 스스로 써 내려가는 연대기다.

그런 선택의 연대기를 보여주는 인물이 있다. 바로 마릴린 먼로. 그녀는 전 세계적으로 사랑받았던 배우였지만, 그만큼 그녀의 사랑은 늘 사람들의 이목 속에 놓여 있었다. 그녀의 인생은 선택과 갈등, 사랑과 상처로 점철된 한 편의 드라마였다. 마릴린 먼로는 수많은 연애와 결혼을 겪었다.

그중에서도 가장 주목받은 선택은 전설적인 야구선수 조 디마지오(Joe DiMaggio)와의 결혼이었다. 그녀는 디마지오와 함께하면서 처음으로 안정감이라는 것을 느꼈다고 말한다. 하지만 그 결혼은 오래가지 못했다. 그의 보수적인 성격과 그녀의 자유로운 기질은 결국 충돌했고, 두 사람은 이혼했다. 그 이후에도 매릴린은 사랑을 찾기 위해 여러 선택을 했지만, 그 선택들은 그녀를 더 외롭게 만들기도 했다.

사람들은 그녀의 사랑을 '비극적'이라고 말한다. 그러나 너는 그렇게 단정 짓고 싶지 않았다. 그녀의 선택은 실패가 아니라 자신을 찾아가는 여정이었다. 매릴린은 사랑을 통해 자신이 진정으로 원하는 삶이 무엇인지 끊임없이 고민했다. 그녀는 상처받았지만 그 상처는 그녀가 성장하기 위한 통과의례였다.

사랑은 우리의 선택에서 시작된다. 우리는 사랑을 통해 무엇을 선택할지, 무엇을 포기할지를 고민하게 된다. 그 선택들은 결국 우리를 변화시키고, 우리가 어떤 사람이 되고 싶은지를 보여준다.

마릴린 먼로의 이야기는 우리에게 말한다. 사랑은 감정이 아니라, 결정의 연속이다. 그녀의 사랑은 때때로 실패했지만, 그 선택들은 그녀를 더 진실한 존재로 만들었다. 사랑은 결코 운명에 맡길 수 있는 일이 아니다. 우리는 사랑 앞에서 끊임없이 결정하고 그 선택들이 우리 삶의 방향을 바꾼다.

그리고 그 선택의 연대기 속에서 우리는 사랑의 본질을 조금씩 이해해 간다. 결국, 사랑은 우리가 사랑하기로 하는 순간부터 시작된다. 그리고 그 결정들이 모여 우리만의 사랑의 연대기를 써 내려간다. ✽

사랑이라는 위험을 택한 사람들

◇

사랑은 언제나 불확실한 바다였다.
그럼에도 우리는 망설임 없이
깊은 물로 걸어 들어갔다.
상처를 안고서도, 다시 손을 뻗었다.
사랑이란 위험을 감수한 자들의 고요한 용기였다.

 사랑은 마치 거대한 바다를 항해하는 배와 같다. 잔잔한 물결만 존재하길 바라지만, 그 여정에는 언제나 파도와 폭풍이 기다리고 있다. 그러나 우리는 그 위험을 감수해야 한다. 왜냐하면 사랑은 본질적으로 위험을 수반하는 모험이기 때문이다.

 그 모험을 감내한 이들 중, 너는 오드리 헵번(Audrey Hepburn)의 사랑 이야기를 떠올린다. 그녀의 사랑은 한 편의 예술이었고, 그 안에는 고통과 기쁨, 실패와 성숙이 모두 담겨 있었다.

 오드리 헵번은 시대를 초월한 아름다움과 우아함의 상징이었다. 그러나 그녀의 사랑은 우리가 영화에서 보던 완벽한 로맨스와는 달랐다. 그녀는 인생에서 여러 차례 사랑을 했고, 그중 가장 큰 사랑, 그리고 가장 깊은 상처는 그녀의 두 번째 남편인 앤드루 페리(Andrea Dotti)와의 관계였다.

1954년, 두 사람은 결혼했다. 처음엔 모든 게 아름다웠다. 하지만 시간이 흐르면서, 앤드루는 오드리의 명성과 성공에 압도되기 시작했다. 그의 질투와 불안은 결국 결혼 생활 전체를 갉아먹었다. 사랑은 점차 질식의 감정으로 변했고, 오드리는 끝내 이혼을 결심한다. 그 이혼은 그녀에게 큰 고통이었지만 그 이후 그녀는 오랫동안 사랑을 피하고, 대신 아이들에게 집중하며 자신을 지키려 했다.

그러나 사랑은 다시 찾아왔다. 이번엔 로버트 윗슨(Robert Wolders)이라는 남자였다. 그는 오드리에게 안정감과 따뜻함을 주었고 그녀는 그를 통해 다시 한번 사랑을 믿고 싶어졌다. 하지만 여전히 사랑은 쉬운 일이 아니었다. 이전의 상처는 그녀의 마음 깊은 곳에 남아 있었고 새로운 사랑조차 그 상처와 함께였다.

그런데도 오드리는 그 모든 감정의 격랑을 껴안으며 사랑의 본질을 배워나갔다. 사랑은 단지 기쁨과 환희만이 아니다. 그 안에는 언제나 두려움과 불확실성이 함께한다. 오드리 헵번의 사랑 이야기는 우리에게 사랑의 진짜 모습을 보여준다. 사랑은 일시적인 감정이 아닌, 내면의 성숙과 자기 발견의 여정이다.

우리는 흔히 사랑을 이상화한다. 하지만 진짜 사랑은 상처를 수용할 용기에서 시작된다. 오드리는 그 위험을 감수했고, 그 덕분에 진정한 사랑의 의미를 깨닫게 되었다. 사랑은 위험한 선택이다. 그 선택은 때로 우리를 아프게 하지만, 그 아픔은 결국 우리가 사랑을 이해하게 만드는 핵심적인 경험이 된다. 사랑을 선택하는 순간, 우리는 동시에 상처받을 가능성도 선택하게 된다.

그러나 그 모험을 피한다면, 결코 사랑의 깊이에 도달할 수 없다. 오드리 헵번이 여정은 말한다. 사랑은 우리를 다치게 할 수 있지만, 그 모든 아픔조차 우리가 사랑을 진심으로 이해하는 과정임을. 그녀의 삶은 단지 빛나는 스크린 위의 이야기가 아니다.

그녀는 사랑이라는 위험한 항해를 직접 해낸 용기 있는 여행자였다. 결국, 진정한 사랑은 상처받을 줄 알면서도 그 모험을 택하는 것이다. 그리고 그 여정 끝에서 우리는 사랑뿐 아니라 진짜 자신을 만나게 된다.

사랑을 선택하는 것은 결국 우리가 내리는 선택이다. 우리는 그 선택을 통해 경험을 얻고, 그 경험이 쌓여가면서 더욱 깊은 사랑을 알게 된다. 오드리 헵번의 삶에서 보여준 사랑의 위험을 감수하는 과정은, 결국 우리가 사랑을 이해하고, 진정한 사랑의 의미를 찾는 여정이 된다. 그녀는 그 여정 속에서 상처를 입기도 했지만, 그 상처 덕분에 사랑을 더 깊이 이해하게 되었으며, 그것이 바로 우리가 사랑을 선택하는 이유이다. *

Jellyfish

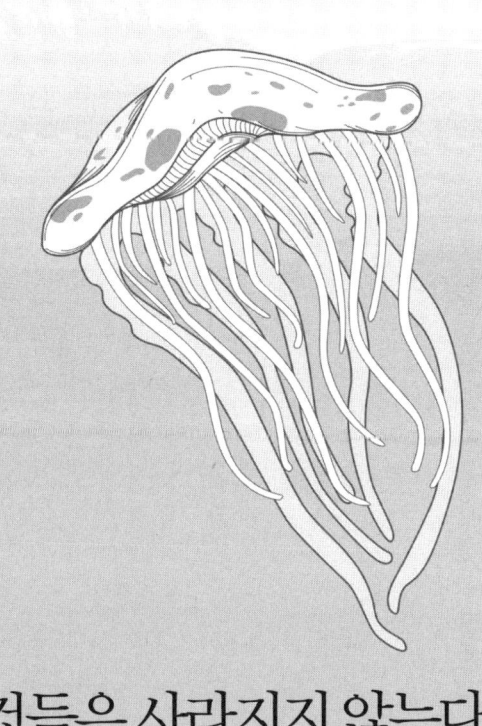

| 5장 |

남은 것들은 사라지지 않는다

사랑은 끝나도 사라지지 않는다
기억은 달빛처럼 조용히 되돌아온다

지워진 말, 흩어진 조각들 사이로
아직 건너지 못한 마음이 남아 있다

그리움은 시간을 건너 우리를 키우고
고요한 성장은 다시 살아갈 힘이 된다

사랑은 말없이 이별을 준비하고 있었다

조용히 밀려오는 파도처럼,
그 사랑은 끝을 준비하고 있었다.
눈빛도, 손길도 말없이 변해가며
작은 틈으로 이별이 스며들었다. 나는 그 침묵 속에서
사랑이 천천히 등을 돌리고 있음을 느꼈다.

사랑이란 때때로 마음속에 문신처럼 새겨진다. 지우려 해도 지워지지 않고, 되돌릴 수도 없다. 그 흔적은 시간이 지나도 희미해지지 않고 오히려 더 깊이 스며든다. 아프고, 따뜻하고, 때로는 삶의 의미마저 바꾸어 놓는다. 사랑의 흔적은 우리가 살아왔음을 증명하는 감정의 지문이다.

너와 그녀의 사랑도 그랬다. 처음 만났을 때, 서로는 마치 맞춰진 퍼즐 조각 같았다. 너는 그녀의 웃음에 매료되었고, 그녀는 너의 따뜻함에 안식처를 느꼈다. 함께한 순간들은 일상의 구석구석에 새겨졌고, 그 기억들은 사랑이라는 이름으로 너의 마음에 문신처럼 남았다.

하지만 사랑의 문신은 아름다운 기억만을 남기지 않는다. 영원할 것 같던 감정은 예고 없이 변했고, 마지막 대화에서 그녀는 말했다.
 –우리, 이쯤에서 멈추자.
 그 말은 칼날처럼 너의 가슴에 꽂혔다. 이유를 묻고 싶었지만, 너는 사랑이 모든 것을 설명해 주지 않는다는 걸 알고 있었다. 이별 후에도 그녀는 지워지지 않았다. 사랑은 끝났지만, 흔적은 여전히 네 안에 살아 있었다.

 그 흔적은 해파리를 닮았다. 물속을 부드럽게 흐르며 사라지는 존재지만, 그 촉수가 스치는 순간, 우리를 깊은 통증으로 일깨운다. 사랑도 그렇다. 지나간 사랑이 아련한 추억이 되기도 하지만, 때로는 마음 깊은 곳에서 계속해서 아픔으로 남는다. 그 상처는 쉽게 아물지 않지만, 동시에 우리가 얼마나 깊이 사랑했는지를 말해준다.

 영국의 시인 엘리자베스 배럿 브라우닝(Elizabeth Barrett Browning)은 병약한 몸과 가족의 반대를 무릅쓰고 로버트 브라우닝(Robert Browning)과의 사랑을 선택했다. 그녀의 시는 사랑의 찬가이면서 동시에 고통의 기록이었다. 그녀가 남긴 시구들은, 사랑이 남긴 흔적이 어떻게 문학으로 승화되는지를 보여준다.

 또 다른 예로, 미국의 싱어송라이터 조니 캐시(Johnny Cash)와 준 카터 캐시(June Carter Cash)의 사랑은 음악 속에 살아 있다. 준은 조니의 어둠을 감싸안았고, 조니는 그녀를 통해 치유되었다. 그러나 그녀가 세상을 떠난 후, 조니는 평생 그 슬픔과 함께 살아야 했다. 그의 노래에는 준이 남긴 사랑의 흔적이 진하게 배어 있다. 슬픔조차도 아름다움으로 바꾼 그들의 사랑은, 사라진 후에도 많은 이들의 마음을 울리고 있다.

너 역시 그녀를 잊지 못했다. 그녀와 함께한 바닷가에서, 너는 파도에 실려 밀려오는 기억을 떠올렸다. 그녀의 말투, 미소, 체온까지 모든 것이 그대로 남아 있었다. 그것은 고통이었지만 동시에 위로였다. 그녀가 남긴 흔적을 통해 너는 자신의 부족함을 알게 되었고, 삶의 의미를 다시금 되새기게 되었다.

사랑이 남긴 흔적은 때로 우리를 아프게 한다. 그러나 그 흔적은 우리가 사랑했다는 증거이고, 살아 있다는 증명이기도 하다. 해파리가 지나간 자리에 남긴 자국처럼, 사랑도 우리 마음속에 흔적을 남긴다. 그리고 그 흔적 덕분에 우리는 다시 사랑할 용기를 얻는다.

너는 그녀를 떠올리며 조용히 미소 지었다. 그녀가 남긴 문신은 아프지만 따뜻했다. 그것이 바로 사랑이 남기는 가장 깊은 흔적이었다. *

사라지는 순간에도 우리는 서로를 보고 있었다

우리는 끝을 알고 있었지만
서로를 바라보는 눈을 거두지 않았다.
마지막 파도가 밀려오듯
사라지는 그 순간에도
나는 너를, 너는 나를 조용히 안녕이라 불렀다.

사랑은 마치 젖은 모래 위에 새긴 글자와 같다. 처음에는 또렷하고 선명하지만, 시간이라는 파도가 서서히 다가와 그 흔적을 지운다. 하지만 그 자리가 완전히 사라지지는 않는다. 글자가 있던 그곳의 감촉과 기억은 여전히 남아 있기 때문이다.

너와 그녀의 사랑은 한여름의 바닷가에서 시작되었다. 네가 모래사장에 앉아 글을 쓰고 있던 그녀에게 다가간 것은 단순한 호기심 때문이었다. 너의 질문에 그녀는 고개를 들어 환하게 웃었고, 너는 그 웃음에 매료되었다.

그녀는 모래 위에 짧게 적었다. '바다처럼 넓고 깊게'
너는 그 글을 보고 그녀를 더 알고 싶어졌다. 그 순간부터 두 사람의 사랑은 시작되었다.

 너와 그녀는 사랑의 기록을 남기기 위해 매 순간을 모래사장에 새겼다. 손을 잡고 걸으며, 작은 대화를 나누며, 모래 위에 적었던 약속들과 그림들이 그들의 사랑을 증명했다. 그러나 두 사람 모두 알았다. 그 기록은 영원히 남지 않으리라는 것을. 바람이 불고, 파도가 밀려오면, 모래 위의 글자들은 언젠가 사라질 운명이라는 것을.

 프랑스의 전설적인 디자이너 코코 샤넬(Coco Chanel)은 한때 자기 삶에 깊은 흔적을 남긴 사랑을 경험했다. 그녀의 연인 보이 카페(Arthur Boy Capel)는 그녀 인생에서 가장 강렬한 사랑의 기록을 남겼다. 하지만 그는 갑작스러운 사고로 그녀 곁을 떠났다. 샤넬은 그와 함께한 기억을 마음속에 간직하며, 그의 흔적을 자신만의 작품에 투영했다.

 검정 드레스, 진주 목걸이, 단순하지만 강렬한 선들은 보이와의 사랑이 남긴 보이지 않는 흔적이자, 그 부재를 딛고 탄생한 아름다움의 표현이었다. 너와 그녀의 사랑도 그와 비슷했다. 그녀는 바닷가를 떠나며 조용히 말했다.
 -우리의 글씨가 사라질 거라는 걸 알아. 하지만 우리가 여기에 함께 했다는 사실은 변하지 않을 거야.
 너는 고개를 끄덕이며 그녀를 바라보았다. 그녀가 남긴 글씨는 사라졌지만, 그 말은 네 마음에 평생 새겨졌다.

 물속에서 느릿느릿 움직이는 해파리는 처음에는 신비롭고 아름답다. 그러나 그 촉수가 스친 피부는 따끔한 통증을 남긴다. 사랑도 그렇다. 지나간 사랑은 눈앞에서 사라져도, 마음속에서는 그 감정과 기억이 오래도록 남는다.

엘리자베스 테일러와 리처드 버턴의 사랑 이야기도 그러했다. 영화 〈클레오파트라(Cleopatra)〉 촬영장에서 만난 두 사람은 불꽃 같은 사랑에 빠졌고, 두 번의 결혼과 두 번의 이혼을 반복했다. 그들의 사랑은 뜨겁고 강렬했지만 서로를 파괴할 만큼 격렬했다. 끝내 그들은 헤어졌다. 엘리자베스는 리처드가 그녀 인생에서 가장 사랑했던 남자였다고 회고했다. 그들의 사랑은 파도처럼 격정적으로 몰아쳤고, 모래 위에 남겼던 글자처럼 사라졌지만, 마음속에는 지워지지 않는 기록으로 남았다.

그녀와의 마지막 날, 너는 혼자 바닷가를 걸었다. 모래 위에는 두 사람이 함께 남긴 흔적들이 여전히 남아 있었다. 그러나 파도가 밀려오면서 그것들은 서서히 사라지고 있었다. 너는 그 흔적을 지우려 하지 않았다. 사랑도 결국엔 흐르고 사라지는 것이기 때문이다. 그러나 사라진 흔적이 곧 사랑의 끝을 의미하지는 않았다. 사랑은 사라지는 순간에도 새로운 자리를 남기고, 그 자리에서 우리는 다시 시작할 용기를 얻는다.

너는 모래사장에 앉아 마지막으로 그녀를 떠올렸다. 둘의 사랑은 끝났지만, 마음속 어딘가에는 여전히 그녀가 남아 있었다. 그리고 너는 미소 지었다. 사랑은 사라질지라도, 그것이 남긴 흔적은 영원히 그의 일부로 남을 것이다. *

끝을 예감한 마음은 더 따뜻했다

◇

헤어짐이 가까워질수록
마음은 오히려 부드러워졌다.
사소한 말에도 눈물이 고였고
짧은 침묵에도 사랑이 느껴졌다.
끝을 예감한 마음은, 가장 따뜻한 온기로 남는다.

사랑은 어쩌면 향기와 같다. 꽃이 시들어도 그 향이 공기 속에 오래도록 남아 있듯 사랑이 끝난 후에도 그 기억과 감정은 우리 삶 어딘가에 스며들어 있다. 사랑이 사라진 자리에는 흔적이 남고 그 흔적은 마치 잔잔히 퍼지는 향기처럼 우리를 붙잡는다.

너와 그녀의 사랑은 찬란했다. 너는 그녀를 처음 만난 날, 제주도의 세찬 바람을 아직도 기억한다. 그날은 해가 강렬했고, 바닷바람이 불었다. 그녀의 웃음은 바닷물결처럼 가볍고 맑았고 너는 그 웃음에 스며들었다. 함께한 시간은 짧았지만 선명했다. 그녀와 보낸 여름날들은 너의 삶에 또렷한 기억의 자국을 남겼다. 하지만 시간이 지나며 둘의 사랑은 파도처럼 밀려났다. 마치 해파리가 물결 속으로 사라지듯 그녀도 너의 삶에서 서서히 모습을 감추었다.

사랑이 끝난 후에도 너는 그녀를 잊지 못했다. 사랑은 끝났지만 그 사랑이 남긴 잔향은 여전히 너의 주변을 감돌았다. 그녀와 함께 들었던 음악, 마셨던 와인, 나눴던 웃음이 머릿속을 맴돌았다. 그 잔향은 너의 마음을 찌르지도, 완전히 사라지지도 않았다. 마치 해파리가 지나간 바닷물이 그 움직임을 기억하듯 너의 마음도 그녀와의 사랑을 간직하고 있었다.

사랑의 잔향은 모든 사랑 이야기 속에 숨어 있다. 프랑스가 사랑한 가수 에디트 피아프(Édith Piaf)는 자신의 사랑을 노래로 남겼다. 그녀의 대표곡 〈장밋빛 인생(La Vie en Rose)〉은 사랑의 황홀함과 그 안에 깃든 고통을 담고 있다. 그녀가 사랑했던 남자들은 결국 그녀의 삶에서 떠났지만, 그 존재는 노래 속에서 살아남아 세상을 울렸다. 그녀는 말했다. 사랑은 끝난 후에도 우리 곁을 떠나지 않는다고. 오히려 그 잔향은 우리 삶을 더 깊고 풍부하게 만든다고.

두 사람도 그랬다. 그녀는 떠났지만 그녀가 남긴 흔적은 너의 삶을 채웠다. 그녀가 사랑하던 것들을 너도 사랑하게 되었고, 그녀가 꿈꾸던 것들은 어느새 너의 작은 목표가 되었다. 너는 그제야 깨달았다. 함께한 시간이 짧았더라도 그 사랑은 네 안에 조용히 자리하고 있었다는 것을.

해파리, 그 존재는 물속 어딘가에서 조용히 유영한다. 보이지 않아도, 그 움직임은 물속에 파동을 남기고, 우리는 그 잔향을 물의 흐름에서 느낄 수 있다. 사랑도 그렇다. 끝난 후에도 마음속에 남아 파동처럼 흔들림을 전한다.

엘리자베스 테일러와 리처드 버턴의 사랑은 그 잔향의 본질을 잘 보여준다. 그들은 두 번 결혼하고 두 번 이혼했지만, 서로를 놓지 못했다. 버턴은 죽기 전까지도 엘리자베스에게 보냈던 연애 시절의 편지들을 간직했고, 엘리자베스는 그의 이름을 부를 때마다 미소를 지었다고 한다. 함께한 시간은 끝났지만, 그들의 사랑은 두 사람의 삶 속에 향기로 남아 있었다.

사랑이 끝났다고 해서 모든 것이 사라지는 건 아니다. 사랑이 남긴 기억과 감정은 마치 여름날 저녁 공기처럼 우리를 감싸며 살아간다. 그 잔향은 때로는 그리움이 되고, 때로는 미소가 되어 우리를 다시 움직이게 만든다. 너는 해변을 걸으며 그녀와 함께했던 순간을 떠올렸다.

그녀는 그날 이렇게 말했다.
-사랑은 끝날 수 있어도, 그것이 남긴 건 사라지지 않아.
그 말을 처음엔 이해하지 못했다. 하지만 이제는 알 것 같았다. 그녀와의 사랑은 끝났지만, 그 잔향은 네 숨결 속에 조용히 남아 있었다. 마치 해파리가 지나간 바닷물에 여전히 흔적이 남듯이.

사랑의 잔향은 그리움과 추억으로 우리를 감싸며 삶을 더 풍요롭게 한다. 그것은 해파리의 부드러운 유영처럼 마음속에 여운을 남기고, 시간이 지나도 쉽게 사라지지 않는다. *

침묵 속에서 사랑은 더 많은 말을 했다

◇

말이 없던 그날,
우리는 오히려 많은 것을 나누고 있었다.
파도처럼 밀려왔다 사라지는 마음들 속에서
사랑은 조용히, 그러나 선명하게 말하고 있었다.
침묵이야말로 가장 깊은 고백이었다.

사랑은 때로 닿지 않는 편지 같다. 종이 위에 꾹꾹 눌러쓴 감정들이 결국 도달하지 못한 채, 바람에 흩어져 사라지는 것처럼. 그렇게 전해지지 못한 말들은 바닷속 해파리처럼 물결에 흔적만 남긴다. 말하지 못한 고백, 끝내 전하지 못한 진심은 마음속에 조용히 남아 흔들린다.

너는 한때 그녀를 위해 수십 통의 편지를 썼다. 그녀가 멀리 떠난 뒤 종이 위에 마음을 적으며 위안을 찾았다. 그 편지들에는 그녀에게 하지 못했던 이야기, 말로 꺼내기 어려웠던 고백이 담겨 있었다. 하지만 너는 그것들을 끝내 보내지 못했다.
"이걸 그녀가 읽으면 더 힘들어하지 않을까?"

그런 두려움이 너의 손을 멈추게 했다. 편지는 서랍 속에 잠들었고, 너는 가끔 바람에 날아 사라지는 꿈을 꾸었다.

사랑은 때로 전하지 못한 말 속에서 가장 깊은 흔적을 남긴다. 마릴린 먼로와 작가 아서 밀러의 사랑도 그랬다. 복잡하고 격정적이었던 그들의 관계는 끝이 났지만, 아서는 먼로가 세상을 떠난 후에도 그녀를 향한 감정을 담은 글을 남겼다. 그 글들은 그녀에게 닿지 못했지만, 훗날 세상에 공개되어 아서가 얼마나 많은 말을 마음에 담아두었는지 드러났다.

전하지 못한 말이 가장 절절하다는 건, 그렇게 증명되었다. 그녀가 떠난 후, 너도 그런 말들을 자주 떠올렸다.
-내가 너무 부족한 건 아닐까?
그녀가 조용히 물었을 때, 너는 아무 대답도 하지 못했다. 사실 너는 말하고 싶었다. 넌 충분해. 아니, 너만으로도 완벽해. 하지만 그 말은 목구멍에서 걸려 나오지 못했다. 그녀가 이별을 말했을 때도, 너는 붙잡고 싶다는 말조차 하지 못했다. 네 침묵은 그녀의 뒷모습에만 조용히 반응했을 뿐이었다.

너는 서랍 속에서 오래된 편지 한 통을 꺼냈다.
'네가 떠난 자리가 이렇게 클 줄 몰랐어. 네가 없는 이 공간에서 나는 어디로 가야 할지 모르겠어. 하지만 이 말을 너에게 전할 수 없다는 걸 알아. 네가 떠난 곳에서 평온하기를 바라면서도, 다시 돌아와 주기를 바라는 이 모순이 나를 무겁게 해.'
그 글자는 바람처럼 가벼웠지만 너의 마음은 무거웠다. 이 말을 들으면 그녀는 어떤 반응을 보일까? 그 생각이 너를 다시 멈추게 했다. 너는 편지를 조용히 접어, 다시 서랍 속에 넣었다. 이 말이 그녀에게 닿을 날은 오지 않을 것임을 알면서도.

영국의 시인 바이런도 전하지 못한 사랑을 시로 남겼다. 그는 여러 연인을 사랑했지만, 끝내 자신의 모든 감정을 드러내진 못했다. 그의 시 「우리 둘이 헤어지던 때」에는 그런 감정이 담겨 있다. 사랑은 사라졌지만, 그의 시 속에서 여전히 아프게 살아 숨을 쉬었다.

사랑은 항상 다 전해지지 않는다. 우리가 말하지 못한 감정과 표현하지 못한 진심은 공기 속으로 흩어지고, 바람처럼, 파도처럼, 해파리처럼 우리의 삶 속에 흔적을 남긴다. 그 흔적은 작고 보이지 않을지라도, 절대로 사라지지 않는다.

너는 다시 편지 한 통을 꺼내 읽었다. 이번에는 그것을 접어 창문을 열고 바람에 날렸다. 그 편지가 그녀에게 닿을 가능성은 없었지만, 그 순간 너의 마음은 조금 더 가벼워졌다. 바람 속으로 날아간 편지는 네가 끝내 말하지 못한 사랑을 품고, 멀리 흩어졌다. 사랑은 때로 바람 속에 날리는 편지처럼, 닿지 않아도 흔적으로 남는다. 그리고 그 흔적은 우리 마음속에서 조용히 살아간다. ✽

이별은 우리를 낯선 바다로 데려갔다

◇

우리는 같은 바다에 있었지만
다른 방향의 물결을 따라 흘러갔다.
이별은 예고 없이 찾아왔고,
낯선 바다는 우리를 서로 다른 섬에 내려놓았다.
그곳에서야 비로소, 나는 너의 부재를 배웠다.

　사랑은 하나의 완전한 조각으로 시작한다. 그러나 시간이 흐르면, 그것은 부서져 파편이 된다.
　조각난 사랑은 흩어지지만 그중 어떤 것은 사라지지 않고 마음 깊은 곳에 남아 오래도록 반짝인다. 해파리처럼 투명하고 아름답지만 한순간의 충격에 산산조각이 나게 된다.

　너희는 오랫동안 따뜻한 시간을 함께 나눴다. 하지만 어느 순간, 그 관계는 흔들리기 시작했다. 작은 다툼이 쌓였고, 시선은 어긋났으며, 마음과 마음 사이의 균열은 점점 깊어졌다. 그 균열은 끝내 둘 사이의 다리를 무너뜨렸고, 남은 것은 부서진 기억의 파편들이었다.

사랑이 무너진 후에도, 어떤 조각은 여전히 마음속에 남는다. 팝의 여왕 마돈나(Madonna)와 배우 숀 펜(Sean Justin Penn)의 사랑처럼. 그들의 결혼은 격렬하고 불안정했으며, 결국 4년 만에 막을 내렸다. 그러나 마돈나는 한 인터뷰에서 말했다.
"그는 여전히 내 인생에서 가장 특별한 사랑이었다."
관계는 깨졌지만, 그 조각은 그녀의 마음속에서 빛을 잃지 않았다.

그녀와의 마지막 날이 아직도 너의 귀를 맴돈다.
-우린 분명 사랑했는데, 왜 이렇게 되어버렸을까?
그녀의 눈가에 맺힌 눈물은 답을 알지 못한 채 흘러내렸다. 너는 대답 대신 침묵으로 그녀를 배웅했고, 그녀가 떠난 뒤에도 한참 그 자리에 서 있었다. 방 안은 고요했지만 그 고요 속에서 부서진 사랑의 조각들이 하나씩 떠올랐다.

해파리도 부서진다. 파도에 밀려 해변으로 떠밀려온 해파리는 투명한 몸체가 흩어져 조각조각으로 남는다. 그 조각들은 빛을 받으면 반짝이고, 때로는 날카롭게 사람의 손을 아프게 하기도 한다. 사랑의 부서진 조각도 마찬가지다. 그것들은 고통을 남기지만 동시에 잊을 수 없는 기억을 품고 있다.

프랑스의 가수 에디트 피아프와 복서 마르셀 세르당의 사랑도 그랬다. 짧고 강렬했던 그들의 사랑은 마르셀의 비행기 사고로 갑작스레 끝났다. 그러나 에디트는 그를 위해 〈사랑의 찬가〉를 불렀다. 그녀의 목소리에는 부서진 사랑의 고통과 그 안에 깃든 찬란한 기억이 동시에 스며 있었다.

너는 어느 날, 모래사장이 아름답기로 소문난 금릉해변을 거닐다가 해파리의 흔적을 보았다. 물결에 밀려온 해파리의 투명한 조각들이 태양 아래에서 조용히 반짝이고 있었다. 그것은 완전하지 않았지만, 그 자체로 아름다웠다. 너는 그 모습을 보며 깨달았다. 부서진 조각으로 남은 사랑도, 그것이 아픔일지라도, 결국 우리의 삶을 이룬다는 사실을.

사랑은 때로 부서진 흔적을 남긴다. 그러나 그 흔적은 우리를 다시 사랑하게 만든다. 해파리가 바다를 떠돌며 남긴 조각들이 물결 속에서 빛나듯, 부서진 사랑도 마음속에서 여전히 반짝인다. ✱

기억은 가장 조용한 방식으로 돌아온다

◇

물결처럼 스며든 기억은
아무 소리 없이 되돌아온다.
해파리의 투명한 몸처럼,
그 기억은 아프지 않게 다가와
가장 조용한 방식으로 나를 흔든다.

사랑은 생명의 한 조각이다. 시간이 흐르면 생명이 빛을 잃듯 사랑도 언젠가 그 빛을 잃는다.

그러나 사랑이 끝난다고 해서 그 존재마저 무의미해지는 것은 아니다. 해파리가 바닷속에서 서서히 소멸하면서도 물결 사이에 잔광을 남기듯 사랑도 소멸 속에서 마지막 아름다움을 우리에게 보여준다.

너와 그녀의 사랑은 한때 바닷물처럼 투명하고 잔잔했다. 하지만 시간이 흐르면서 사랑은 점차 색을 잃어갔다. 설렘 대신 익숙함이 자리를 잡았고, 대화는 점점 줄어들었다. 한때 뜨겁게 타올랐던 두 사람의 마음은 차가운 적막 속으로 천천히 가라앉았다.

어느 날, 그녀는 조용히 물었다.

-우리가 여전히 사랑하고 있는 걸까? 아니면 그냥 함께 있는 걸까?

너는 대답하지 못했다. 사랑이 끝나는 순간은 늘 그렇게 소리 없이 다가온다. 소멸은 조용하지만 분명히 다가오는 진실이었다.

배우 엘리자베스 테일러와 리처드 버턴의 사랑도 그랬다. 그들은 세기의 커플로 선망을 받았지만, 강렬했던 만큼, 그들의 사랑은 파괴적이기도 했다. 엘리자베스는 훗날 이렇게 회고했다.

"그의 사랑은 나를 가장 높은 곳으로 올려놓았지만, 동시에 가장 낮은 곳으로 떨어뜨렸다."

사랑이 빛을 잃는 과정을 온전히 겪었지만 그 흔적은 그녀의 삶 속에서 아름다움으로 남아 있었다.

너와 그녀 역시 사랑의 빛이 사그라지는 순간을 외면할 수 없었다. 아침 인사는 형식이 되었고, 저녁 식사는 어색한 침묵으로 채워졌다. 사랑이 소멸할 때 가장 먼저 사라지는 것은 그 사이를 채우는 따뜻함이었다. 그러나 그 공허함 속에서도 한때의 아름다움은 희미하게나마 남아 있었다.

해파리는 죽음에 이르러서도 아름다움을 간직한다. 그 투명하고 유려한 몸체는 물결 속에서 조용히 사라지면서 빛을 받아 색색의 잔광을 흘린다. 그 소멸은 단지 죽음이 아니라 자연이 남기는 한 조각의 예술이다. 사랑도 그렇다. 비록 끝이 찾아오더라도 그 사랑이 남긴 기억은 절대로 사라지지 않는다.

그녀는 마지막으로 말했다.

-우리, 여기까지인 것 같아. 하지만 네가 내 삶에 들어왔던 순간은 절대 잊을 수 없을 거야.

너는 조용히 고개를 끄덕이며 대답했다.

-나도 그래. 너는 내게 늘 특별한 사람이었어.

그 순간, 두 사람은 깨달았다. 사랑의 소멸은 단순한 이별이 아니라, 두 사람이 함께한 시간을 존중하는 방식이라는 것을.

프랑스의 철학자이자 작가인 장 폴 사르트르(Jean-Paul Sartre)와 시몬 드 보부아르(Simone de Beauvoir)의 관계 역시 그러했다. 그들은 평생을 연인으로, 동료로 함께했지만 그들의 사랑은 전통적인 의미의 '연애'와는 달랐다. 사랑의 빛이 서서히 희미해지는 와중에도, 그들은 서로의 삶에서 결코 지워질 수 없는 존재로 남았다. 보부아르는 사르트르가 세상을 떠난 후, 그와의 시간을 '인생에서 가장 찬란했던 순간'으로 기억했다.

너는 바닷가에서, 바위에 걸린 해파리를 보았다. 이미 생명을 잃은 투명한 몸은, 바다 위로 쏟아지는 햇빛을 받아 눈부시게 반짝이고 있었다. 그 모습은 마치, 그녀가 남긴 사랑의 흔적과도 같았다. 소멸했지만 여전히 아름다움을 간직한 모습. 사랑은 언젠가 빛을 잃는다. 그러나 그 소멸 속에는 잔잔한 아름다움이 숨어 있다. 사랑의 끝은 끝이 아니라 더 이상 함께하지 못하는 시간을 받아들이는 과정이다.

너와 그녀의 사랑도 마찬가지였다. 비록 두 사람은 각자의 길을 가게 되었지만, 함께했던 시간은 소멸의 순간에조차 빛나는 조각이 되었다. 사랑이 빛을 잃을 때, 그것은 사라짐이 아니라 또 다른 형태의 아름다움으로 남는다. 해파리가 바다에서 남기는 마지막 흔적처럼 사랑도 우리의 삶 속에서 조용히 반짝인다. *

흔적은 사라져도 여운은 남는다

◇

파도가 모래 위 발자국을 지워도
그 순간의 온기까지 지우지는 못한다.
사랑도 그랬다.
흔적은 지워졌지만
여운은 오래도록 마음을 적셨다.

사랑은 늘 현재에 머무는 듯하지만 그 진짜 의미는 시간이 흐른 뒤에야 선명해진다. 해파리가 물결 사이를 유영하며 남기는 흐릿한 흔적처럼 사랑도 우리가 그것을 지나칠 때 비로소 그것의 온기와 아픔을 느낄 수 있다.

너와 그녀는 헤어진 지 5년이 지난 어느 날, 우연히 시내 카페에서 마주쳤다. 서로를 보며 가벼운 미소를 주고받았지만, 가슴 속에는 그 날의 온갖 감정들이 소용돌이쳤다. 너희는 서로의 얼굴에서 지나간 사랑의 그림자를 마주했다. 시간 속에 묻어두었던 추억들이 갑작스레 밀려와 그 순간을 채웠다.

마르셀 프루스트(Marcel Proust)의 소설 『잃어버린 시간을 찾아서』는 이런 사랑의 잔상을 가장 잘 묘사한 작품일지도 모른다. 프루스트는 한 조각의 마들렌과 그 향이 불러일으킨 기억을 통해 우리가 무심히 흘려보낸 시간이 어떻게 다시 찾아올 수 있는지를 이야기했다. 사랑도 그러하다. 시간이 지나면 사라진 것처럼 보이지만 그 흔적은 언제나 우리 마음 한편에 자리 잡고 있다. 그것은 어떤 향기, 어떤 소리, 혹은 어떤 낯선 풍경을 통해 갑자기 우리를 찾아온다.

미국의 배우 험프리 보가트(Humphrey Bogart)와 로렌 바콜(Lauren Bacall)의 사랑 이야기도 그러하다. 그들은 영화 〈하바나의 낭만〉에서 만나 25살 차이인데도 불꽃 같은 사랑을 시작했다. 하지만 험프리의 병으로 인해 그들의 사랑은 짧게 끝나고 말았다. 시간이 지나 로렌은 한 인터뷰에서 말했다.

"너는 나의 인생이었다. 너를 잃은 것은 나를 잃는 것과 같았다. 하지만 시간이 지날수록, 나는 너와의 모든 순간이 얼마나 소중했는지 깨닫게 되었다."

그들의 사랑은 비록 끝이 났지만, 로렌에는 영원히 잊히지 않을 추억으로 남았다.

해파리도 이와 같다. 물속을 유영하며 남기는 흔적은 파도에 씻겨 사라지는 것 같지만, 그것은 바닷속에 희미하게 흔적을 남긴다. 우리 눈에 보이지 않더라도 해파리가 지나간 자리에는 우리들의 존재가 머물러 있다. 사랑도 마찬가지다. 그 순간에는 온전하게 느끼지 못했던 것들이 시간이 흐른 뒤에야 비로소 우리를 찾아온다.

그녀는 너와의 추억을 회상하며 말했다.

-우리 함께했던 시간이 너무 짧게 느껴져요. 마치 금방 사라져 버린 모래 위의 글자 같아요.

너는 고개를 끄덕이며 대답했다.

-하지만 그 순간들은 너무 소중했죠. 시간이 지나니 더 선명해지는 것 같아요.

둘은 한참 동안 서로의 얼굴을 바라보며 침묵했다. 말로 설명할 수 없는 어떤 감정이 그들 사이에 흐르고 있었다. 그것은 후회나 아쉬움만이 아닌, 함께한 순간들에 대한 고마움과 그 안에 깃든 따뜻한 잔향이었다.

독일의 유명 작가 파트리크 쥐스킨트(Patrick Suskind)의 『향수』에서도 이러한 사랑의 흔적이 드러난다. 주인공 그르누이는 향기로 사람들을 조종하지만, 결국 자신이 진정으로 느끼고 싶었던 것은 사랑의 잔향이었다. 그의 탐구는 사랑의 본질이 물리적인 존재를 넘어 그것이 남기는 감각적 흔적에 있다는 것을 보여준다.

너와 그녀는 결국 헤어진 사랑을 되돌릴 수 없음을 알고 있었다. 하지만 너희는 그 사랑이 남긴 흔적이 얼마나 소중한지를 깨달았다. 사랑은 사라지지만 그것이 남기는 기억은 우리 삶 속에서 계속해서 영향을 미친다. 그 기억은 때로는 아프고, 때로는 따뜻하며 우리의 존재를 더욱 깊게 만든다.

너와 그녀는 서로에게 마지막 인사를 나누며 떠났다. 사랑은 끝났지만 그 흔적은 마음속 깊은 곳에 오래도록 머물렀다. 마치 바닷속에 떠오르는 잔광처럼 시간이 흐를수록 더욱 빛나고 있었다. ✶

그리움은 삶의 결을 바꾼다

◇

그리움은 파도처럼 밀려와
익숙했던 일상의 모서리를 천천히 깎아낸다.
내 안의 풍경이 조금씩 바뀌고
말의 결도, 숨결의 리듬도 달라졌다.
그리움은 그렇게, 삶의 결을 바꿔놓는다.

사랑은 우리에게 가장 따뜻한 순간을 선물하지만, 그 끝에는 깊은 흔적을 남긴다. 해파리의 독침에 쏘인 피부가 처음엔 쓰라리지만, 시간이 흐르면 그 자리는 단단한 상흔으로 남는다. 그 자국은 고통의 흔적임과 동시에 같은 상처를 반복하지 않겠다는 조용한 경고처럼 다가온다.

사랑은 때로 우리를 부서질 듯 흔든다. 처음 사랑에 빠졌던 순간의 짜릿함은 찬란하지만, 그 감정이 스러지는 과정은 더 깊은 고통으로 남는다. 너와 그녀 역시 그랬다. 긴 시간 동안 서로를 진심으로 아꼈지만, 결국 각자의 길을 가야만 했다.

-우리가 사랑했던 시간은 아름다웠지만, 지금은 더 이상 서로를 이해하지 못하고 있어.

그녀의 이 한마디는 너의 가슴에 깊은 상처를 남겼다. 너는 아무런 대답도 하지 못했다. 사랑은 끝났어도 그 잔재는 쉽게 지워지지 않았다.

미국의 작가 어니스트 헤밍웨이와 그의 세 번째 아내 마사 겔혼(Martha Ellis Gellhorn)의 관계 역시 그러했다. 그들은 제2차 세계대전의 혼란 속에서 강렬하게 사랑했지만, 결국 서로를 끝내 이해하지 못하고 이별했다. 훗날 헤밍웨이는 그녀와의 사랑이 자신을 얼마나 변화시켰는지를 글 속에 녹여냈다. 상실의 아픔은 그의 문장을 더 단단하게 만들었고, 그 흉터는 오히려 그의 작품에 깊이를 더했다.

너 또한 이별 이후에도 그녀를 쉽게 잊지 못했다. 함께했던 장면 하나하나가 문득문득 떠올랐고, 그 기억들은 아프면서도 맑았다.
너는 언젠가 혼잣말처럼 말했다.
-사랑이 나를 망가뜨린 줄 알았는데, 되려 나를 더 단단하게 만들었어.
그 고백은 사랑의 끝이 우리를 어떻게 변화시키는지를 잘 보여주는 증거였다.

해파리의 독은 치명적일 수 있지만 시간이 지나면 그 상처는 단단한 껍질로 덮인다. 그것은 단지 치유를 의미하는 것이 아니라 고통을 이겨낸 존재가 갖는 힘이다. 사랑의 흉터도 이와 같다. 아픔이 지나간 자리에는 더 강인한 마음이 자리 잡는다.

그녀 역시 마찬가지였다. 친구와의 대화 중 문득 너와의 기억이 떠오르면서 눈물이 흘러나왔다. 하지만 그 눈물은 단지 후회의 표현이 아니었다. 그것은 사랑이 그녀를 어떻게 성장시켰는지를 이해한 순간의 정직한 감정이었다.

멕시코의 화가 프리다 칼로와 디에고 리베라의 관계도 떠오른다. 격정적이고도 파괴적이었던 그들의 사랑은 프리다에게 수많은 상처를 남겼지만, 그녀는 그 고통을 붓으로 승화시켰다. 그녀의 그림 속엔 사랑과 아픔이 모두 담겨 있었으며, 그 작품들은 전 세계에서 사랑받는 예술로 남았다. 사랑의 흉터는 그녀를 무너뜨린 동시에, 진정한 예술가로 일으켜 세운 것이다.

사랑은 우리 안에 흔적을 남긴다. 때로는 아프게, 때로는 부드럽게. 그러나 그 흔적은 우리가 얼마나 사랑했는지를, 그리고 그만큼 얼마나 성장했는지를 증명한다. 해파리의 독처럼 사랑도 우리를 다치게 하지만, 그 흉터는 우리가 버텨냈다는 증거이자 다신 쉽게 흔들리지 않을 마음의 껍질이 된다.

사랑이 끝난 뒤에도 우리는 그 흔적과 함께 살아간다. 그 흔적은 과거에 머물지 않고 미래를 위한 힘으로 바뀐다. 그것은 새로운 사랑을 맞이할 수 있는 단단한 마음이 되어 우리를 다음 이야기로 이끈다. 사랑의 흉터는 아픈 만큼 성숙해진 우리의 마음을 보여주는 또 하나의 증거다. ✽

잊으려 할수록 더 선명해지는 순간들

◇

잊고 싶다고 말한 순간부터
그 장면은 되려 또렷해졌다.
너의 눈동자, 마지막 인사, 물든 하늘의 빛깔까지도.
기억은 지우는 것이 아니라
다시 바라보는 일이라는 걸 알게 되었다.

사랑은 어쩌다가 배가 난파하듯 한순간에 부서지고 깊은 감정의 파편을 남긴다. 우리는 그 잔해를 외면하려 애쓰지만, 그것들은 늘 우리 내면 어딘가에 가라앉아 있다. 마치 바닷속 해파리가 조용히 물살을 따라 흩어지듯 사랑도 사라진 자리마다 흔적을 남긴다.

바다 밑에 잠긴 감정의 조각은 단지 고통만의 흔적이 아니다. 그것은 함께 웃고 울었던 기억의 파편이며, 사랑했던 순간들의 흔적이기도 하다. 시간이 흐를수록 이 조각들은 마음 깊은 곳에 가라앉아 무의식 속에서 새로운 모양을 만들어간다. 마치 가라앉은 난파선이 시간이 지나 산호초가 되고, 그 위에 새로운 생명이 깃드는 것처럼… 사랑의 잔해도 우리 안에서 조용히 다시 태어난다.

너와 그녀의 사랑도 그러했다. 처음 만났을 땐 파도처럼 격정적이고 강렬했다. 모든 것을 휩쓸어버릴 듯한 감정은 너희의 세계를 하나로 만들었다. 하지만 세월이 흐르며 파도는 잦아들었고, 결국 고요한 물속으로 가라앉았다. 사랑은 끝났지만, 그 잔해는 여전히 서로의 마음속 어딘가에 머물고 있었다.

그녀는 이별 후 한동안 바닷가를 찾곤 했다. 바다는 그녀에게 단순한 풍경이 아니었다. 그것은 너와 함께한 기억이 담긴 거대한 캔버스였다. 언젠가 두 사람은 손을 잡고 파도 소리를 들으며 미래를 이야기했다. 이제 그녀는 홀로 그 해변에 서 있었다. 발끝에 닿는 물결을 바라보며 그녀는 입속으로 되뇌었다.
-우리의 사랑은 물속에 가라앉았지만, 나는 아직 그 조각들을 느낄 수 있어.

해파리는 바닷속을 자유롭게 떠다니는 듯 보이지만 그 또한 자신이 지나온 자리에 흔적을 남긴다. 그 투명한 몸짓은 물결을 타고 퍼지며, 새로운 생태계를 만들어낸다. 사랑도 이와 닮았다. 끝난 듯 보이지만 마음속에서 재해석되고 다른 형태로 다시 살아난다.

프랑스 철학자이자 작가 알베르 카뮈와 배우 마리아 카사헤마스(Maria Casarès)의 사랑도 그랬다. 둘은 격렬하게 사랑했지만 시대와 운명 앞에서 함께할 수 없었다. 그러나 그 사랑은 끝나지 않았다. 카뮈가 사망한 뒤 발견된 편지들에는 마리아에 대한 깊은 감정이 고스란히 담겨 있었다.

'우리는 떨어져 있지만, 너는 언제나 내 마음속 깊은 곳에 있어.'

그의 고백은 잔해로 남은 사랑이 얼마나 강력하게 존재할 수 있는지를 보여준다.

너와 그녀의 사랑도 깊은 바닷속 어딘가에 가라앉아 있었다. 그러나 그 잔해는 그녀의 꿈속에, 너의 일상에, 그리고 두 사람이 함께했던 모든 장소와 기억 안에 살아 있었다. 그녀는 너의 웃음을 기억했고, 너는 그녀의 목소리를 떠올렸다. 사랑은 끝났지만 그것이 남긴 잔해는 아직도 그들을 감싸고 있었다.

너는 서귀포시의 표선 해수욕장을 걸었다. 발밑의 고운 모래와 잔잔한 파도를 따라 걷다가 물속에 가라앉은 해파리를 발견했다. 그것은 마치 감정의 잔해처럼 투명하고 조용했다. 가까이 다가가면 위험할 수 있는 존재지만 멀리서 바라보면 오히려 아름다웠다. 너는 문득 생각했다. 우리가 아팠던 순간들조차 이제는 아름다운 잔해로 남아 있는 것 같다고.

사랑이 끝났다고 해서 모든 것이 사라지는 것은 아니다. 감정의 잔해는 때때로 아프고 쓰라리지만, 그것은 우리가 얼마나 진심으로 사랑했는지를 증명한다. 바닷속에 가라앉은 조각들은 시간이 흐르며 다른 모습으로 나타난다. 사랑은 사라지지만, 그 흔적은 우리 안에 남아 다시 새로운 삶의 이야기를 만들어간다.

너와 그녀는 각자의 길을 향해 나아갔지만, 그 사랑은 완전히 지워지지 않았다. 마치 바다 밑의 잔해가 언젠가 다시 떠오르듯, 너희의 감정도 마음 어딘가에서 조용히 재등장할 순간을 기다리고 있었

다. 사랑은 때로 고통스럽지만, 결국 그것은 우리가 살아가게 만드는 깊은 원동력이다. ✽

마주치지 않아도 여전히 연결된 마음

◇

멀리 있어도,
같은 바람을 느끼고 같은 바다를 바라볼 때
너와 나의 마음은 여전히 닿아 있었다.
눈을 마주치지 않아도
사랑은 보이지 않는 실처럼 우리를 이어주고 있었다.

사랑은 달빛과 닮았다. 손에 닿을 수 없고, 아침이 오면 사라지는 듯 보이지만, 어두운 밤이 오면 다시 모습을 드러낸다. 눈에 보이지 않을 때조차 사랑은 어딘가에서 조용히 빛나고 있다. 그것은 마음 속 깊은 곳에 남아 은은히 흔들리는 잔광처럼 우리 삶을 은밀히 감싸안는다.

바다 위를 유영하는 해파리처럼 보이지 않아도 존재하는 것. 사랑은 가시성의 유무를 넘어, 그 자체로 흐르고 남는다.

프랑스 시인 폴 엘뤼아르(Paul Éluard)와 사진작가 니콜 클리베르(Nicole Clébert)의 사랑도 그런 흔적을 남겼다. 니콜은 엘뤼아르에게 불현듯 찾아온 달빛 같은 존재였다. 그녀를 만난 이후, 그의 언어는 달라졌고, 시어들은 그녀를 중심으로 맴돌았다. 그러나 그들의 사랑은 영원하지 않았다. 이별 뒤에도 엘뤼아르는 그녀를 완전히 잊지 못했다. 그의 시에는 여전히 그녀의 그림자가 남아 있었다.

'달빛 아래에서 너의 눈동자를 본다.'

그의 시 한 구절은, 사랑이 사라진 뒤에도 어떻게 예술이 되어 남는지를 보여준다.

너와 그녀의 사랑도 그러했다. 한때 너희는 해변을 가득 메운 파도처럼 생기 넘치고 충만한 시간이 있었다. 그러나 시간이 흐르자, 파도는 점차 잦아들었고, 결국 헤어짐이라는 고요한 끝을 맞이했다. 그 끝은 모든 것이 사라진 듯 보였지만, 너는 여전히 그녀의 웃음을 떠올렸고, 그녀는 너의 손길을 기억했다. 그 사랑은 분명 끝났지만, 어둠 속에서 은밀히 빛났다. 해파리처럼 사랑의 잔상은 사라지지 않았다.

미국의 작가 에드거 앨런 포(Edgar Allan Poe)와 그의 아내 버지니아 클렘(Virginia Clemm)의 사랑 또한 달빛의 잔상처럼 남아 있다. 병약한 아내를 향한 포의 사랑은 절절했고, 그녀가 세상을 떠난 뒤에도 그의 마음은 흔들리지 않았다. 그가 쓴 시 「애너벨 리」는 그녀를 향한 깊은 애도의 노래다.

'그녀는 바닷가의 무덤에 잠들었지만, 그녀의 사랑은 달빛 아래에서 여전히 내 마음을 감싼다.'

포의 문장은 떠난 사랑이 어떻게 영원한 흔적이 되는지를 잊지 못하게 한다.

그녀는 달빛 아래에서 너의 그림자를 느꼈다. 곁에 없었지만 그녀의 삶 어딘가에는 여전히 네가 남겨놓은 감정의 흔적이 맴돌고 있었다. 바닷물은 고요했지만 그 속에선 해파리가 은밀히 유영하며 물결을 만들고 있었다. 그녀의 마음속에도 그 사랑은, 해파리처럼 조용히 춤추고 있었다.

너와 그녀는 서로의 삶에서 멀어졌어도 그 사랑의 흔적은 지워지지 않았다. 때로는 아프고 쓰라렸지만 동시에 너희를 더 단단하게 만들었다. 사랑은 달빛처럼 과거의 감정을 감싸며 두 사람의 삶을 여전히 비추고 있었다.

달빛 아래에서 해파리는 더 투명하고 아름답게 보인다. 사랑도 마찬가지다. 어둠 속에서야 비로소 진짜 모습을 드러낸다. 너는 달빛을 보며 그녀를 떠올렸고, 그녀는 그의 부재 속에서 여전히 너를 느꼈다. 그들의 사랑은 해파리의 잔상처럼 은밀히 남아 여전히 삶을 비추고 있었다. ✱

사랑의 끝에서 우리는 자신을 만난다

사랑이 끝나는 자리에서
나는 비로소 나를 마주했다.
너를 향해 내밀던 손이
조용히 내 안으로 돌아왔을 때,
비어 있던 마음에 나라는 파문이 번지기 시작했다.

사랑이 떠나가고 나면 우리 곁에 남는 것은 무엇일까? 사람들은 대개 시간이 흐르면 아픔을 덜어내고, 새로운 삶으로 나아간다. 그러나 완전히 비워지지 않는 것들이 있다. 함께했던 순간을 품은 작은 물건들, 그것들은 더 이상 단순한 사물이 아니다. 책 한 권, 바닷가에서 주운 조개껍데기, 손수건 한 장. 그런 물건은 하나의 세계가 된다.

해파리가 떠난 바닷가에도 흔적은 남는다. 물결이 잠잠해진 뒤에도 해파리가 남긴 미세한 흐름과 짠 내는 사라지지 않는다. 사랑이 지나간 자리도 그렇다. 보이지 않아도, 감각 속 어딘가에서 그 흔적은 여전히 우리를 감싼다. 그 잔상은 우리가 떠나간 이들을 기억하는 방식이 된다.

영국 소설가 버지니아 울프는 한때 사랑했던 비타 색빌웨스트에게 보낸 편지 속에서 이렇게 썼다.
'이 반지를 보며 당신이 떠난 자리마다 남긴 흔적을 느낄 수 있어요.'
그녀에게 그 반지는 단순한 장신구가 아니었다. 그것은 마음의 시간, 감정의 기록이었다.

너희도 한때 서로에게 모든 것을 주고받았다. 그리고 사랑이 끝난 후에도 서로를 잊을 수 없었다. 어느 날 너는 서랍 속에서 그녀가 선물해 준 작은 노트를 발견했다. 첫 장에는 이렇게 적혀 있었다.
'모든 순간이 함께여서 아름다웠어.'
그 문장은 시간이 흐를수록, 단순한 글자가 아니었다. 그것은 떠나간 그녀가 남긴 가장 선명한 흔적이었다. 감정이 응축된 하나의 '목소리'였다.

미국의 배우 오드리 헵번과 동료 배우 윌리엄 홀든의 사랑도 그런 이야기였다. 두 사람은 짧지만 깊은 사랑을 나누었고, 결국 각자의 길로 흩어졌다. 그러나 헵번은 홀든이 선물했던 작은 브로치를 평생 간직했다. 그녀는 그 브로치를 볼 때마다 그의 미소와 그가 읽어주던 시를 떠올렸다고 했다. 사랑은 끝났지만 그 브로치는 그녀 곁에 남아 있었다. 마치 '나는 여전히 여기 있어'라고 말하듯이.

이처럼 물건에 담긴 사랑의 흔적은 단순한 물리적 대상이 아니다. 그것은 감정의 창고이며 시간이 멈춘 작은 공간이다. 너와 그녀는 서로를 떠났지만 남겨진 물건을 통해 서로를 기억했다. 네가 남긴 손수건, 그녀가 놓고 간 책 한 권, 그것들은 떠나간 이들의 존재를 증명하는 조용한 목소리였다.

 우리는 사랑이 남긴 물건들을 어떻게 해야 할지 고민한다. 버리기엔 마음이 아프고, 간직하기엔 무겁다. 하지만 그 흔적들은 단순한 '과거'가 아니라 우리가 사랑 속에서 배우고 느꼈던 모든 것의 증거다. 그 물건들은 떠나간 이의 손길을 통해, 마치 이렇게 말하는 듯하다.
 '나는 여전히 너의 곁에 있어.'
 그녀의 필체는 시간이 흘러도 지워지지 않았고, 그 문장은 여전히 그 자리에 있었다. 그것은 '사라진 것'이 아니라, 남겨진 마음이었다.

 사랑의 흔적은 물결 속에 고스란히 남는다. 보이지 않아도, 어딘가에서 여전히 우리의 삶에 영향을 미친다. 그 감정은 때때로 다시 떠올라 마음 한편을 따뜻하게 흔든다. 따라서 사랑이 우리에게 남기는 것은 물건 그 자체가 아니다. 그 물건 안에 새겨진 감정이다. 그 감정은 우리가 사랑했음을, 그리고 사랑받았음을 증명한다.

 너와 그녀는 각자의 삶을 살아갔지만, 남겨진 물건 속에서 서로를 잊지 않았다. 그것은 과거를 붙잡는 것이 아니라, 그 기억을 안고 미래로 나아가는 힘이 되었다.
 사랑의 흔적은 그렇게 우리의 삶을 빛낸다. ✽

사랑은 끝나도, 나를 움직이는 힘이 된다

사랑이 떠난 자리에
아직도 남아 있는 건,
네가 아닌 내가 꾼 모든 감정의 잔향.
끝났다고 믿었던 그 마음이
지금의 나를 조용히, 그러나 깊이 움직이고 있다.

오래된 앨범을 꺼내 한 장씩 넘기다 보면 희미해진 사진 한 장이 눈에 들어온다. 누렇게 바랜 종이 위로 간신히 남은 미소. 한때 또렷했던 얼굴은 흐릿해졌지만, 그 속에 담긴 감정은 여전히 생생하다. 사랑은 그렇게 사진 속에 머물며 시간의 흐름을 건너 흔적을 남긴다.

해파리의 유영도 비슷하다. 바다 위를 지나가던 그 생명은 물결 속에 희미한 흔적을 남긴다. 시간이 지나면 모습은 사라지지만, 그 움직임의 여운은 물의 흐름과 냄새 속에 남는다. 사랑이 사라진 뒤에도 마음에 남는 감정의 자취는 마치 해파리가 남긴 물결처럼 사라지지 않는다.

미국의 배우 마릴린 먼로와 야구선수 조 디마지오의 사랑도 사진

속 미소처럼 오래도록 기억된다. 그들의 사랑은 짧았지만, 먼로가 세상을 떠난 뒤에도 디마지오는 그녀의 무덤에 장미를 바치며 추억을 간직했다. 먼로의 사진 속 미소는 디마지오와 함께한 그 사랑의 증거로 남았고, 우리에게도 잊을 수 없는 한 장면이 되었다.

너와 그녀의 사랑도 그런 식으로 남아 있었다. 함께 찍은 한 장의 사진, 어느 여름날의 바다를 배경으로 두 사람은 환하게 웃고 있었다. 그날, 그녀는 물결 속에서 해파리를 발견하고 놀란 표정으로 웃음을 터뜨렸다.
너는 그녀를 안심시키며 말했다.
-저 해파리, 우리처럼 자유롭게 떠다니네.
사랑은 해파리처럼 유영하는 감정이었다. 그리고 그 사진은 너희 마음속에 머문 사랑의 한 장면이 되었다.
시간이 흐르며 그 사진은 서랍 속 어딘가에 묻혀 잊혔다. 그러나 어느 날 우연히 꺼낸 그 사진은 멈춰 있던 기억을 다시 흐르게 했다. 흐릿해진 종이에도 불구하고, 그녀의 미소는 여전히 선명했고, 너의 가슴을 조용히 흔들었다.

영국의 낭만주의 시인이자 극작가였던 윌리엄 워즈워스(William Wordsworth)는 사랑했던 여인의 초상화를 두고 이렇게 말했다.
'그녀의 눈 속에서 나는 여전히 바람의 속삭임을 듣는다.'
사랑했던 사람의 얼굴이 담긴 사진이나 초상화는 단순한 이미지가 아니다. 그것은 한순간의 감정, 기억, 그리고 사랑의 깊이를 담은 시간의 캡슐이다.
해파리의 흔적도 사진처럼 바다에 남는다. 모래 위에 남긴 희미한 흔적은 해파리가 한때 그곳을 지나갔음을 알려준다. 비록 파도에 씻기고 흐려지더라도, 그 자취는 쉽게 잊히지 않는다. 너는 사진을 들여다보며 그녀와 함께했던 그날을 떠올렸다. 그녀의 웃음, 장난기 섞인 말투, 그리고 너의 어색한 미소. 그 모든 감정이 한 장의 사진에 담겨 있었다.

사랑이 끝나도 사진은 남는다. 그것은 잃어버린 시간을 붙잡고 다시 그 순간으로 데려간다. 사진 속 미소는 그 사랑이 얼마나 뜨겁고 진실했는지를 말해준다. 마치 해파리가 햇살 아래 반짝이며 조용히 말을 걸듯 사랑의 흔적도 그렇게 우리의 삶을 비춘다.

너는 사진을 다시 서랍 속에 넣으며 조용히 중얼거렸다.
-그녀는 떠났지만, 그녀의 미소는 남았어. 그리고 그것만으로 충분해.
흐릿해진 사진 속에서 여전히 웃고 있는 그녀는 너에게 사랑이 무엇인지 여전히 이야기하고 있었다. 사랑은 시간의 흐름 속에서도 완전히 사라지지 않고, 우리의 가슴 속 어딘가에 조용히 머물러 있다. *

눈물 너머에 또 다른 삶이 있다

◇

눈물이 흐른 자리마다
새로운 빛이 스며들었다.
잃어버린 줄만 알았던 삶의 조각들이
조용히 다시 제자리를 찾기 시작했다.
아픔의 끝 넘어, 또 다른 내가 기다리고 있었다.

사랑이 끝나가는 순간, 우리는 마지막 인사를 건넨다. 하지만 그 인사가 진정한 끝이 되는 경우는 드물다. 사랑은 마치 해파리처럼 물속에서 사라진 듯 보여도 그 물결 속에 흔적을 남긴다. 서로의 마음에 각인된 대화는 시간이 지나도 지워지지 않는다.

너는 그녀를 떠나기 전 마지막으로 말했다.
-잘 있어. 너와 함께했던 시간, 잊지 않을게.
그녀는 대답하지 않았지만, 눈물로 대화의 여운을 남겼다. 그 말은 두 사람 사이에 끝나지 않은 문장으로 남아 있었다.

체코 출신의 소설가 프란츠 카프카(Franz Kafka)와 그의 연인 밀레나 예젠스카(Milena Jesenská)는 사랑의 대부분을 편지로 나눴다. 이별 후에도 밀레나는 카프카의 편지를 읽으며 대화를 이어갔다. 사랑이 끝났어도 그들의 말은 그녀의 삶 속에서 계속 울렸다. 그건 이별이 아닌, 사랑의 연장선이었다.

너와 그녀도 마찬가지였다. 깊은 밤을 함께하며 서로의 이야기로 마음을 엮었다. 네가 꺼낸 꿈들, 그녀가 털어놓은 기억들은 관계를 단단히 만들었지만, 시간이 흐르며 대화는 어긋나기 시작했다.
 -왜 요즘은 아무 말도 안 해?
 그녀의 물음에 너는 침묵했다. 대화가 멈춘 건 사랑이 식어서가 아니라 그 끝을 받아들이기 어려웠기 때문이었다.

해파리는 유영을 멈추면 사라지지만 물결 속 흔적은 남는다. 사랑도 대화가 멈춘다고 해서 감정이 사라지는 건 아니다. 끝나지 않은 말들은 마음속 깊은 곳에서 오래도록 잔향처럼 남는다.

마릴린 먼로와 아서 밀러의 사랑 역시 그런 식으로 남았다. 결혼은 끝났지만, 그들은 서로의 삶을 글과 예술로 이야기했다. 사랑은 멈췄어도 대화는 문장과 장면 속에서 계속됐다.

너는 언젠가 그녀를 다시 만날 날을 상상했다. 그때 무엇을 말할 수 있을까. 마지막으로 건넸던 인사말.
 -잘 있어… 고마웠고….
 그 인사는 사실 이별이 아니라, 아직도 끝나지 않은 마음의 표현이었다. 그녀 역시 그 말의 의미를 되새기며 살아가고 있을 것이다.

사랑이 끝나도 대화는 이어진다. 그것은 해파리의 흔적처럼 보이지 않지만 존재하며, 우리 마음속에서 파문처럼 퍼져 나간다. 끝맺음 없는 그 말들은 사랑의 잔재가 아니라, 사랑이 살아 있는 증거이다.

마지막 인사는 종결이 아니다. 그것은 사랑의 한 장면이고, 끝나지 않은 대화의 시작일 수 있다. *

사랑은 흔적이 되고, 발자국이 된다

◇

사랑은 머문 자리마다
말없이 무늬를 남긴다.
파도가 지워도, 바람이 덮어도
그때의 마음은 모래 아래 살아 있다.
결국 사랑은, 지나온 발자국으로 우리를 기억한다.

바닷가에 남겨진 발자국은 파도가 지나가면 서서히 지워진다. 처음엔 선명하던 흔적이 물결이 몇 번 스치고 나면 마치 거기에 아무것도 없었던 것처럼 사라진다. 그러나 그 자리에 발을 디뎠던 사람의 체온과 이야기까지 없어진 것은 아니다. 발자국이 사라졌다고 해서 그곳을 지나간 사랑이, 기억이, 감정이 모두 지워지는 것은 아니다.

미국의 배우 험프리 보가트와 로렌 바콜의 사랑은 실제 삶이 영화보다 더 극적일 수 있음을 보여준다. 그들은 영화에서 처음 만나 현실에서 진짜 사랑에 빠졌다. 보가트는 바콜과의 사랑을 인생 최고의 선물이라 표현했고, 그 사랑은 할리우드 황금기를 상징하는 로맨스로 기억된다. 그러나 보가트는 비교적 이른 나이에 세상을 떠났다. 바콜은 그의 죽음 이후에도 오랫동안 그를 잊지 못했다. 그녀는 보가트의 파이프를 간직하고, 그의 사진을 침대 머리맡에 두며 삶을 이어갔다. 사람은 떠났지만 사랑의 발자국은 그녀의 삶 깊은 곳에 고스란히 남아 있었다.

처음 그녀를 만났을 때의 설렘, 비 오는 날 함께 걷던 거리, 뜻밖에 서로가 웃음을 터뜨렸던 저녁, 그런 기억들이 마치 오래된 필름처럼 머릿속을 지나갔다. 그녀는 떠났고 둘은 다른 길을 걷게 되었지만, 그 사랑은 기억의 지층 속에 조용히 파묻혀 있었다.

오스트리아의 작곡가 구스타프 말러(Gustav Mahler)와 그의 아내 알마(Alma Mahler)의 이야기도 그 여운을 보여준다. 말러는 알마를 깊이 사랑했고, 그녀는 그의 예술적 영감이기도 했다. 하지만 알마는 점점 다른 사람에게로 마음이 기울었고 그들의 관계는 멀어졌다. 말러는 그 상실의 감정 속에서 교향곡 〈대지의 노래(Das Lied von der Erde)〉를 작곡했다.

그 음악에는 말러의 슬픔과 절망, 그러나 여전히 남아 있는 사랑의 흔적이 담겼다. 알마는 훗날 그 음악을 들으며 말러와의 시간, 그리고 사라진 관계 속에서도 잊히지 않는 감정을 떠올렸다고 한다. 사랑은 끝났지만, 음악 속에서 말러는 여전히 그녀 곁에 있었다.

너와 그녀는 결국 이별을 맞았다. 하지만 그 마지막 순간조차도 끝이 아니라 또 다른 시작이었다.

그녀는 가끔 너에게 말했다.

-우리의 사랑은 끝났지만, 내가 걷는 모든 길 위에 네 흔적이 남아 있어.

그 말은 시간이 지나도 너의 마음속에서 사라지지 않았다. 새로운 사람을 만나고 새로운 길을 걸으면서도 그녀와 함께했던 계절은 때때로 불현듯 되살아났다. 무심코 지나친 거리의 풍경, 라디오에서 흘러나오던 음악 한 소절이 그녀와의 기억을 다시 불러왔다.

사랑의 발자국은 완전히 지워지지 않는다. 그것은 시간이 흐를수록 뚜렷한 형태를 잃을 수는 있지만, 우리 삶의 어떤 방향을 결정짓는 은밀한 지표가 된다. 발자국이 사라졌기에 우리는 새로운 발자국을 남길 수 있는지도 모른다.

너는 문득 생각한다. 그녀와의 사랑이 끝난 것이 과연 끝이었을까. 아니, 어쩌면 그건 여전히 진행 중인 감정의 또 다른 모양이 아닐까. 서로의 길이 달라졌지만 그 사랑은 둘의 삶을 끊임없이 이어주고 있다. 그것은 새로운 만남과 사랑에도 영향을 끼치며 삶의 깊이에 섬세한 결을 남긴다.

해파리는 눈앞에서 사라졌지만, 그 물결 속에는 분명히 존재했던 감각이 있다. 사랑도 마찬가지다. 잊었다고 생각할 즈음 우리는 그 흔적을 다시 발견하게 된다. 그것은 때로 우리를 아프게도 하지만 동시에 삶을 더 풍성하게 만든다.

사랑의 발자국은 지워질 수는 있어도 절대 사라지지 않는다. 그것은 마음속에 남은 조용한 진동으로, 우리가 앞으로 나아갈 길을 따라 조용히 이어진다. 그 발자국 위에서 우리는 다시 사랑을, 다시 삶을 시작한다. ✽

사라진 만큼 남겨진 것들

◇

사랑은 사라질 수 있지만,
그 흔적은 우리의 삶을 더욱 단단하고 풍요롭게 만든다.
남겨진 여운 속에서 우리는
다시 살아가고, 또 사랑할 수 있다.

 사랑은 해파리처럼 다가왔다가 조용히 사라진다. 어떤 사랑은 강렬하고, 어떤 사랑은 조용하지만, 공통된 진실은 있다. 사랑은 반드시 무언가를 남긴다는 것이다. 눈에 보이지 않아도, 손으로 만질 수 없어도, 그것은 우리 안에 깊은 여운으로 남아 존재를 흔든다. 해파리가 바닷속에서 유영한 자리에 물결의 결이 남듯 사랑도 지나간 자리에 우리의 마음을 바꾸는 흔적을 남긴다.

 처음 만났을 때의 떨림, 두근거리는 밤, 바닷가의 고요 속에서 나눈 대화. 너와 그녀의 사랑은 마치 투명한 해파리 같았다. 다정하면서도 가벼웠고, 감정을 감싸안는 부드러운 촉감이 있었다. 그러나 해파리에게도 날카로운 촉수가 존재하듯 사랑은 결국 고통과 함께 다가오는 법이다. 완벽했던 사랑이 끝을 맞이하듯 그들 역시 이별을 맞았다.

그녀는 너에게 말했다.
-네 곁에 있는 순간이 가장 행복했어. 하지만 이제는 나를 위한 바다로 떠나야 할 것 같아.

그 말은 그녀가 너를 사랑하지 않아서가 아니라 더 이상 함께할 수 없는 이유를 담고 있었다. 너는 고개를 끄덕이며 그녀의 선택을 존중했지만, 마음은 그 자리에 붙박인 듯 움직이지 못했다. 그녀가 떠난 뒤의 시간은 조용한 공허함으로 채워졌고, 남은 것은 오직 기억이었다.

그 기억은 때로 따뜻했지만 때로는 서늘했다. 너는 그녀와 함께 걷던 제주도의 해변을 자주 찾았다. 파도가 밀려오고 하늘이 붉게 물드는 저녁이면, 그녀의 목소리가 파도 소리 사이로 들려오는 듯했다. 그리고 어느 날, 물가에서 해파리를 보았다. 조용히 떠다니는 그 생명체는 마치 그녀의 잔영 같았다. 그녀는 사라졌지만 해파리처럼 그 흔적은 여전히 남아 너의 삶에 스며들어 있었다.

사랑이 떠난 자리에 남는 것은 무엇일까. 상처, 그리움, 후회, 따뜻한 미소, 그리고… 성장. 너는 그녀와의 시간을 통해 자신을 더 깊이 이해하게 되었고, 사랑이 끝난 후에야 비로소 진짜 사랑이 무엇인지 깨달았다. 그녀도 너와의 기억 속에서 무언가를 얻었을 것이다. 누군가를 깊이 사랑하고 서로를 위해 눈물 흘렸던 시간은 전혀 헛되지 않았다.

프랑스 인상주의 화가 클로드 모네(Claude Monet)는 그의 아내 카미유(Camille Doncieux Monet)를 잃은 뒤 오랫동안 깊은 슬픔에 잠겼다. 그는 절망 속에서 붓을 들었고, 그 사랑과 상실의 감정을 그림 속에 녹여냈다. 그의 연못, 수련, 빛의 흔들림에는 카미유와의 시간이 고스란히 담겨 있다. 그는 그녀를 잃었지만, 그녀는 그의 예술 속에 살아남았다. 사랑은 그렇게 형태는 달라졌어도 끝나지 않았다.

너와 그녀의 사랑 역시 마찬가지다. 끝났지만 끝난 것이 아니었다. 너는 여전히 그녀를 생각했고, 그녀가 남긴 말과 표정은 네 안에서 계속 살아 숨 쉬었다. 어느 날, 혼자 바닷가를 걷다가 문득 미소 지은 적이 있었다. 너는 깨달았다. 사랑이 단지 아픔으로만 남아 있지 않음을. 그 시간은 너를 더 단단하게, 더 깊은 사람으로 만들어주었다는 것을.

사랑은 언젠가 사라지지만, 그 자리에 남는 것들이 있다. 그것은 마음속에 새겨진 새로운 층위, 그리고 세상을 바라보는 눈의 깊이다. 누군가를 사랑했던 경험은 다시 다른 사랑을 맞이할 수 있는 너비로 이어지고, 혼자라는 시간 속에서도 외롭지 않은 마음의 온기를 남긴다.

그녀와 함께 보았던 일몰, 바람을 맞으며 웃었던 순간, 깊은 밤 포개졌던 손의 감각. 모든 것은 사라졌지만, 동시에 네 안에 고스란히 남아 있었다. 사랑은 그렇게 이중적이다. 사라진 만큼 남는 것이다. 그리고 남은 것들은 점차 너의 일부가 된다.

사랑은 끝나는 것이 아니다. 그것은 또 다른 형태로 계속된다. 사람은 떠나지만 그 사람이 남긴 감정은 삶 속을 유영한다. 바다를 지나가는 해파리처럼 그리고 너는 어느 날, 다시 누군가를 사랑하게 될지도 모른다. 그녀와의 사랑이 남긴 흔적이 너를 더 나은 연인으로 만들어줄 것이다.

마지막으로 너는 스스로에게 이렇게 말했다.
"사랑은 사라질 수 있지만 그것이 남긴 것은 나를 더 단단하게 하고, 더 나답게 만든다."
그 말은 이별이 끝이 아니라는 확신이었고, 과거가 미래를 밝히는 등불이라는 믿음이었다. 너는 그녀를 보내며 자신도 다시 떠날 준비를 마쳤다. 그녀가 그랬던 것처럼 이제는 너를 위한 바다로 나아갈 시간이었다. ✽

| 에필로그 |

사랑의 잔광 속에서

　사랑은 끝나지 않습니다. 어느 날 불쑥 시작된 것처럼 어느 순간 조용히 그 형태를 바꾸어 우리 곁에 머뭅니다. 우리가 누군가를 사랑했다는 사실은 그 감정이 어떤 식으로든 우리를 바꾸어 놓았다는 증거이지요. 그 흔적은 시간이 지나며 옅어지기도 하고, 가끔은 뜻밖의 순간에 다시 떠오르기도 합니다.

　이 책을 써 내려가며 저는 다시금 깨달았습니다. 사랑은 하나의 정의로 규정할 수 없는 감정이라는 것을. 해파리처럼 투명하고 유려하게 흐르다가 손을 뻗으면 사라지고, 때로는 아픔을 남기기도 하는 존재. 그 이중성과 모순, 상처와 위로, 그 모든 감정이 하나의 사랑이라는 이름 아래 조용히 공존하고 있었습니다.

　우리는 모두 사랑의 유영자입니다. 때로는 거센 파도에 휩쓸려 부서지기도 하고, 어느 날은 잔잔한 물결에 몸을 맡긴 채 조용히 떠다니기도 합니다. 이 책의 마지막 장을 덮는 지금, 당신에게도 누군가를 향해 마음을 내밀었던 시간이 있었다면, 그 기억은 여전히 당신 안 어딘가에서 살아 숨 쉬고 있을 것입니다.

　사랑은 지나간 것이 아닙니다.
　그것은 여전히 우리를 이루는 조용한 진실입니다.

우리는 사랑을 통해 배우고, 자라고,
그리고 언젠가는 다시 누군가를 향해 손을 내밉니다.

그 모든 시간은 결국, 당신이라는 사람을 더욱 깊고 단단하게 만들어줍니다.

이제, 당신의 해파리는 어디로 흐르고 있나요?
그 투명한 실루엣을 따라,
오늘도 사랑이라는 이름의 바다를 조용히 유영하시길 바랍니다.

| 참고한 작품과 인물들 |

이 책 『해파리』는 감정과 사유의 흐름 속에서 다양한 예술가, 작품, 그리고 기록된 문장들로부터 영감을 받았다. 인용이나 언급이 직접적으로 드러나지 않더라도, 이들로부터 받은 감정과 생각이 글의 깊이를 더해주었다. 아래는 그중 특별히 감사를 전하고 싶은 이들이다.

문학과 철학의 영역에서는 무라카미 하루키, 알랭 드 보통, 릴케, 하이데거, 윤동주, 정현종, 정호승, 류시화, 김소연, 김연수, 나쓰메 소세키의 문장과 세계를,

음악과 예술에서는 데이비드 보위, 비요크, 윤이상, 빈센트 반 고흐, 마릴린 먼로, 프리다 칼로의 생애와 창작의 흔적을,

영화와 다큐멘터리에서는 〈그녀(Her)〉, 〈이터널 선샤인(Eternal Sunshine)〉, 〈비포 선셋(Before Sunset)〉, 〈콜 미 바이 유어 네임(Call Me by Your Name)〉, BBC 다큐 'Five Years' 등에서 받은 영감을 담았다.

그 외에도 인터뷰, 영상 콘텐츠, 기사, 인물 백과 및 구글 아트 앤 컬처 등의 공개 자료도 글의 분위기를 구성하는 데에 참고가 되었다.

직접적인 인용보다는 정서적 인상과 사유를 통한 재해석이 대부분이지만, 이들을 경유하지 않았다면 지금의 문장들도 존재하지 않았을 것이다. 이 자리를 빌려 깊은 감사를 전한다.

해파리
사랑은 투명한 몸으로 흐른다

초판 1쇄 발행 | 2025년 7월 30일

지은이 | 양창식
발행처 | 세화미디어
발행인 | 방세화
등 록 | 2013년 1월 4일(제315-2013-004호)
주 소 | 서울특별시 강서구 양천로7길15 시원빌딩 2층
전 화 | 0507-1394-9593
팩 스 | 02-6280-4124
전자우편 | bang9592@naver.com

ISBN | 978-89-98819-04-0 (03810)